Algunos Elogios de Lectores

"Temple Grandin nos dio la metáfora punzante – *'un antropológico en Marte.'* ¡En este libro, Roberto Sanders nos trae a la excavación arqueológica!"
Diane Twachtman-Cullen, Ph.D.
(directora executiva del Centro ADDCON)
Higganum, Connecticut, Octubre de 2003

"Roberto Sanders es un caballero con buena inteligencia y discernimiento. Él usa estos habilidades para explicar el mundo de su perspectivo, y sus experiencias y sabiduría van a ser beneficiosas a padres, profesionales, y gentes con el síndrome de Asperger's."
Tony Attwood, Ph.D. (lecturero mundial de autismo)
Brisbane, Queensland, Australia, julio de 2004

"Por este resplandor fascinante y lleno de discernimiento a como una persona con el síndrome de Asperger's percibe sus interacciones con otros, Roberto muestra, pieza por pieza, como sigue a coplarse y explicar mejor el mundo alrededor de él. Cualquier persona interesado en el espectro de autismo debe que leer este libro."
Stephen Shore
autor del libro: *Beyond the Wall* (Más Allá que la Pared)
Boston, Massachusetts, agosto de 2004

"De vez en cuando pudieras tener la suerte de encontrar un libro como éste. Es un cuento muy honesto, a veces dolorosamente honesto, de la lucha de un hombre para vivir en un mundo que casi es demasiado extranjero para aguantar. Los discernimientos de la jornada de sobretriunfar el síndrome de Asperger's, a veces sublime hasta espiritual – hasta el muy ordinario, son de inspiración. Éste es un deber leer, que sea tu interés es profesional o solo queriendo entender la condición humana. De verdad te sientes que estás caminando con él cada paso de la ruta."
Martin A. Enticknap, (buen amigo y contacto literario)
Isla de Sanday, Islas de Orkney, Escocia, enero de 2003

En Mis Propios Términos:
Mi Jornada con Asperger's

escrito por
Robert S. Sanders, Jr.
© 2004

con Prefacios por
Diane Twachtman-Cullen, Ph.D.
y
Murphy M. Thomas, Ph.D.

Nota del publicador:

Este libro importante, con el intento de ayudar a otros, es una descripción anécdota que retrata de la vida de una persona con el síndrome de Asperger's, un tipo suave de autismo de alto funcionamiento. El autor, quien tenía rasgos autísticos cuando era niño, ha sobretriunfado muchos obstáculos para vivir una vida razonable normal. Él tiene un título en ingeniero eléctrico, y se ha ocupado con proyectos de construcción, carpintería y pintura. Ahora es un autor y ha escrito varios libros, entre ellos tres novelas de ciencia ficción y una novela de un americano en México. Viaja extensamente y disfruta irse de paseo en bicicleta y caminar.

Varias experiencias de su vida están presentados de niñez hasta el presente, y la mayor parte de esos tienen calidades ciertas y características de síndrome de Asperger's. Otros tópicos importantes y dificultades relacionados al autismo están presentados, como: idiosincrasias de niñez, obsesiones y preocupaciones, quedándose con sujetos, convicciones fuertes, esperando que sigan las amistades, coleccionando cosas, más otros sujetos e ideas. Hay varias anécdotas que apuntan algunos incidentes extraños en su vida, acompañados con historias que revelan algunos de los proyectos únicos e importantes que ha cumplido.

También presentados son causas posibles de autismo, que sean de herencia genética, químicos del cerebro fuera de balance, o aun de metales pesados. Algunas soluciones únicas y originales incluyendo buenos discernimientos están presentados. El autor piensa que triunfando sobre el síndrome de Asperger's es un proceso que hacemos mientras empezamos la jornada a explorar nuevas ideas y conceptos.

Prefacios por
Diane Twachtman-Cullen, Ph.D.
y
Murphy M. Thomas, Ph.D.

traducido a español por Robert S. Sanders, Jr.
con el ayudo de
Arturo Martinez-Zamora, quien tecleó la mayor parte de este libro

versión inglés revisado y editado por
Diane Twachtman-Cullen, Ph.D.

Nota: Algunos nombres de gentes y/o lugares han sido cambiados y/o negados para proteger identidades.

Library of Congress Control Number: 2004095768

ISBN: 1-928798-07-1

tipo: psicología/autismo

publicador: Armstrong Valley Publishing Co.
P.O. Box 1275
Murfreesboro, TN 37133-1275

impreso en los Estados Unidos de América

INDICE

Coincidencias en General
La Mente Es Sola Una

Imagen de la Portada: Vista al norte por el filo de Sierra Bustamante y de la montaña Cabeza de León, altura 1,860 metros, cerca de Bustamante, Nuevo León, México.
Tomado por: Robert S. Sanders, Jr., julio de 1997. Copyright © 1997 Derechos reservados.

Simbolismo de la Foto:
    El precipicio para el lado izquierdo y para abajo significa el miedo y vacio oscuro que síndrome de Asperger's les da a mucha gente. Es un recordatorio constante a nosotros con Asperger's. El viaje al norte por el filo de la montaña hasta el pico de la Cabeza de León es simbólico de la jornada por la vida. Las vistas en la fotografía son espectaculares y son simbólicas en como la vida aparece hermosa y espectacular a un resplandor. Sin embargo, la vida tiene sus subidas y bajadas durante todo, como el filo de la montaña muestra claramente. Es un viaje arduo, traicionero y peligroso en muchos lugares, como alguien tiene que pasarse por la maleza gruesa, constantemente evitando las espinas de plantas de Lechuguilla, Nopal, y Maguey. Hay rellanos angostos y espacios entre las piedras para cruzar también. Todos éstos simbolizan obstáculos y luchas mientras vivimos nuestras vidas, mientras hacemos amistades lo cual no siempre es fácil, y mientras alcanzamos nuestras metas. Alcanzando llegar a la Cabeza de León es simbólico de alcanzar triunfo.

Reconocimientos

Reconocimiento va a mis padres, quienes me criaron y quienes me han inspirado escribir este libro sobre síndrome de Asperger's y autismo. Han cuidado sobre mí y mi bienestar, y aprecio su apoyo en varias maneras, incluyendo su tesoro de sabiduría que ocupé en esta compilación. Gracias a su amor y apoyo, he podido tener el tiempo e inspiración para escribir algunas novelas y ahora este libro.

Reconocimiento también va a Murphy M. Thomas, Ph.D., por su excelente e impresionante prefacio. También estoy agradecido a él por sus consejos psicológicos a mis padres y a mí durante mi niñez.

Reconocimiento también va a la gente de Starfish Specialty Press por su creencia en este proyecto y por su ayudo en traer la versión inglés de este libro a la realidad. Particularmente quiero dar gracias a Diane Twachtman-Cullen Ph.D. por su asistencia editorial y organizacional, por sus consejos profesionales en muchas maneras del proceso, y por escribir su Prefacio excelente.

Reconocimiento también va a Martin A. Enticknap por su excelente imagen de arte generada en su computadora que estuvo ocupado en la edición original de 2002 de este libro, por muchas pláticas y conversaciones conmigo perteneciendo a filosofía y características humanas, y por haber revisado esa edición original de este manuscrito, incluyendo sus ideas y ofrendas, algunos de los cuales he incluído en este libro. Martin es el autor de la novela *EXODUS: the Dolph/in Saga*, una novela acerca de los delfines y sus origines, y también el libro *Arc of the Ancients and Other Poetry*.

Reconocimiento también va a Arturo Martinez-Zamora por haberme ayudado en la traducción de este libro de inglés a español y por haber tecleado la mayor parte del texto. Mientras estuve leyendo mi libro escrito en inglés, le dicté en español, y él tecleó.

Prefacio por Diane Twachtman-Cullen, Ph.D.

Nunca pensé que yo me encontrara en este lugar en particular – escribiendo un prefacio por *En Mis Propios Términos: Mi Jornada con Asperger's*. No es por no creer en este libro, porque sí, creo lo más seguro. Sencillamente es que la compañía publicadora que yo y mis dos hijos tenemos iba a publicar este libro, y bajo esa circunstancia, un prefacio escrito por mí no habría sido apropiado. Yo tenía sentidos indecisos acerca de no poder escribir acerca de este libro porque había mucho que quise decir sobre su metamórfosis de su versión original hasta su versión ahora aumentada y mejorada. Todo eso ha cambiado, sin embargo, porque como el "destino" lo tendría, ambos Roberto y yo somos agentes libres – él, libre para publicar su libro en sus propios términos, y yo, libre para expresar mis pensamientos con sus lectores. Y a caso de ustedes estén averiguando que ha pasado, nuestro estado de agencia estuvo alcanzado por ambas partes y amigablemente. Entonces, las muy buenas noticias son que, ahora puedo exaltar las virtudes de esta gema de un libro, sin el miedo de conflicto de intereses.

Para decir que conozco a este libro de dentro hasta afuera no es ninguna mentira, porque lo he leído numerosas veces durante todas partes del proceso. Temple Grandin nos dio la metáfora revelante y punzante, *un antropológico en Marte*. En las páginas de este libro sencillo pero profundamente importante, Roberto nos trae a la excavación arqueológica. Los lectores van a sentir con él su lucha personal para cincelar un lugar para sí mismo en un mundo que frecuentemente es inhospitable a su manera de pensar y ser. Van a sentir el dolor de sus rechazos, el triunfo de sus éxitos, y más que todo, van a llegar a apreciar la fuerza de sus convicciones.

No vayan a equivocarse. Las convicciones de Roberto son duros como fiero. Por ejemplo, en su libro él dice, "Yo sabía desde edad de seis años que yo nunca iba a fumar, tomar, ni hacer drogas." Nosotros que tenemos la distinción de ser neurotípicos sin dudo hemos hecho algunas tantas declaraciones de convicción, solo para cambiar nuestros puntos de vista con envejecimiento y circunstancias. ¡Roberto no! Al contrario, él declara – y en mi opinión con razón en este caso – que, "Si mis convicciones y mis rechazos de cambiarlas tienen algo que ver con ser un Asperger's, entonces estoy agradecido por ese aspecto de la condición." Ésta es otra cosa que suena muy claramente en este libro: Asombrosamente tal vez en la vista de neurotípicos, Roberto no tiene ningún deseo de ser curado de ser un Asperger's, porque él sabe que eso querría decir que tendría que ser curado de ser su propio mismo, porque Asperger's es parte de quien es Roberto.

Este libro está lleno con resplandores fascinantes dentro de la manera que Roberto piensa. En la sección llamado *Anécdotas e Historias Bizarras*, él invita al lector para ponerse en los zapatos de él mientras aguanta incidente después de incidente donde la mayoría de los neurotípicos no harían caso, pero Roberto sí, y a veces hace bastante caso. Más importante todavía, él nos ayuda a observar y analizar el comportamiento mostrado, hasta las razones del proceso de pensamientos que lo motivaron. También van a ver mostrado en este libro la existencia de dos reglas de Roberto – que algunas ciertas palabras son deletreadas en maneras diferentes del deletreo preferido en el diccionario, y que los nombres de todos los árboles tienen su primera letra en mayúscula, debido a la reverencia de Roberto por la naturaleza.

Sin embargo, es en el sujeto de relaciones interpersonales que el libro de Roberto lleva más peso, porque aquí es donde comparte con el lector sus luchas para establecer amistades perdurables. Él empieza su búsqueda de la premisa improbable que amistades ideales pueden existir y sí, existen. Describe esas amistades en términos de "100% paz, amor, confianza, y amistad honesta." La mayoría de los neurotípicos probablemente considerían el estándar de Roberto irrealisto y no alcanzable, y por eso necesitando modificación. Roberto, sin embargo, no ajusta su punto de vista para nada en su adhesión al estándar que él se ha puesto, aun en la cara de disgusto y frustración. Interesantemente, cuando mirado desde el perspectivo de Roberto, como una persona con el síndrome de Asperger's, los lectores muy probable se van a dar cuenta que su estándar es uno que más probable estuviera actualizado en el barrio (comunidad) de los Asperger's – donde decepción, engaño, y mentiras son extranjeros virtuales – en el lugar de estar actualizado en el barrio de neurotípicos.

En un pasaje particularmente punzante y emocional, Roberto aclara muy bien su búsqueda por amigos y las dificultades de su búsqueda, su genio no entendido por otros, en términos palpables y dolorosos. Dice:

"Tantas veces he visto amigos caminando juntos, acampando juntos, disfrutando su amistad tan fácil. ¿Cómo lo hacen tan fácil? ¿Cómo lo hacen para andar caminando y viajando juntos tan fácil? Lo que ellos hacen tan fácil ha sido parecemente casi imposible para mí." (p. 88)

Este pasaje da uno de los resplandores más raros a como difícil es para algunos individuales con el síndrome de Asperger's para comprender y negociar el mundo de relaciones interpersonales, las cuales tantos neurotípicos toman por concebido. También da discernimiento dentro del deseo de un Asperger's por amigos, un anhelo que frecuentemente sigue no reconocido y no recompensado en el barrio de los neurotípicos. La verdad que Roberto continuosamente regresa al sujeto de amistades es testigo a la cantidad de importancia que tiene para él.

Este libro tiene mucho para ofrecer a sus lectores. La comunidad de Asperger's van a encontrar la afirmación de Roberto del lado positivo del síndrome de Asperger's una cosa bienvenida. Padres y otros miembros de la familia no solo van a ganar un entendimiento de la condición, pero también van a encontrar de esperanza la promesa de independencia y cumplimiento que el ejemplo de la vida de Roberto muestra. Profesionales van a ganar entendimiento y discernimiento valoroso dentro del síndrome de Asperger's, de dentro hasta afuera. He ganado todas esas cosas de este libro, y una cosa más – respeto profundo por un hombre que de veras ha cincelado una vida productiva, valorosa, y bien vivido.

Es suficiente para decir, si ustedes pensaron que *En Mis Propios Términos: Mi Jornada con Asperger's* solo era otro libro típico acerca de una odisea de un hombre personal que verían como un espectador, pues pongan sus sinturones. Están a punto de tomar una jornada muy buena, llena con discernimiento dentro del mundo fascinante del síndrome de Asperger's.

Prefacio de Psicólogo:
Murphy M. Thomas, Ph.D.

Me siento bien honrado para escribir este prefacio por el libro de Roberto Sanders: *En Mis Propios Términos: Mi Jornada con Asperger's*. Atrás una generación en el pasado en los primeros años de los 1970s, los padres de Roberto le trajeron a mí varias veces a consultar. Estuvieron muy preocupados por él porque era muy retraído en el kinder y mostró una variedad de paternos aberrantes de comportamiento. Su primer paso a primer grado era un desastre. En esos días estuve trabajando por el Centro de Dirección. Roberto fue transferido a otra escuela, y gracias a la cooperación de sus nuevas maestras quienes nos permitieron monitorear su comportamiento, las cosas mejoraron mucho, y llegó a ser mucho más acostumbrado. En consideración del comportamiento de Roberto y sus características durante su niñez, habría sido diagnosticado (en terminología de hoy) con síndrome de Asperger's.

Este libro no ficción, como los libros de ficción que Roberto Sanders ha escrito, cuenta un viaje, una excursión o una saga. Mientras sus novelas relatan sus viajes a México, Australia, Gran Bretaña, y a varios puntos en los Estados Unidos, o aun fuera del espacio, *En Mis Propios Términos* es un libro que recuenta el viaje de Roberto a *dentro* del espacio. Describe una geografía fenomenológico, los valles de dolor, rechazos, deses- peración, y los puntos de esperanza. Éste es un libro acerca de valor, sobre determinación de una mente sola casada y persistencia. Es acerca de haciendo veredas personales, mientras estando guiado solo por un sentido claro del correcto e incorrecto. Éste es un libro sobre integridad.

El término *síndrome de Asperger's* puede decepcionar a uno para creer que esta excursión llevara los lectores a lugares extraños, a una tierra extranjera de preocupaciones autísticas. Al contrario, este narrativo es acerca de los lugares comunes. Sin embargo describe una figura heroica en una misión a conectar y comunicar, para llegar a ser un humano completo. Las luchas de Roberto son nuestras luchas. Todos nosotros buscamos para comprender nuestros mismos y conectar con otros. Todos nosotros buscamos para estar entendido y estar valorado. Nosotros luchamos para vivir una vida productiva, con valor y morales. Por los lentes de un Asperger's, Roberto parece tener un enfoque más claro en lo que es esencial y un sentido más refinado en lo que es correcto e incorrecto. Está guiado, u obligado, seguir una vereda impecable. Nosotros pagamos a psicoterapeutas miles de dólares para ganar tanta visión y valor. Pero las sensibilidades exquísitas de Roberto cortan por ambas maneras; y nos recuerda del dolor, decepción y tragedia que existen en todas nuestras vidas.

En Mis Propios Términos es un deber-leer por los profesionales de salud mental y por maestros. Vas a reír y vas a llorar. Si eres honesto, vas a ver tu propio mismo, y las limitaciones (aun peligros) de lo que hacemos. Vas a ver nuestros foibles personales y profesionales, y lo que necesitamos aprender. Vas a sentir humilde, y retraído a Tierra, menos arrogante. Ya no vas a poder diagnosticar orgullosamente, medicar, educar ni modificar síntomas. Serás inspirado a escuchar con más respeto, para confiar y juntar con otros (nuestros clientes, sus familias, y la comunidad que cuida), y apreciar la complejidad y estado paradójico de la condición humana.

Éste también es un deber-leer por la familia, amigos, vecinos, aun los chóferes de autobuses y los gerentes de las tiendas – por todos nosotros quienes estamos confundidos o tenemos miedo de gentes quienes son diferentes. En una manera elegante pero también sencilla, Roberto abre una ventana para que nosotros apreciemos lo que es tan difícil para entender. En sus historias vamos a reconocer nuestros prejuicios, como definimos gentes en términos de sus diferencias en el lugar de sus fuerzas, como hicimos daño a otros, como la ignorancia causa miedo y curiosidad; sin embargo sus cuentos revelan como similar nosotros somos a los que pusimos distancia de nosotros por ser diferente, y como los perspectivos no usuales y estándares pueden desafiar y enriquecer nuestras vidas. En una manera conmovedora y sin pasar juicios, Roberto nos ayuda en ver lo mejor y lo peor de las calidades del espíritu humano. En el proceso, Roberto nos recuerda del valor de la comunidad, la importancia de aceptar, y la fuerza de amor.

Este libro es muy inspirante y divertido. Está lleno de esperanza y buen humor. Es muy honesto y sincero también, y corta al corazón. Mientras éste es un libro acerca de sobretriunfar, es primeramente un testamento a la fuerza del amor de los padres, el valor de amistades, la importancia de comunidad, y a la fuerza y sabiduría de los a quienes hemos llamado como incapacitados.

Murphy M. Thomas Ph.D.
psicólogo clínico de consulta
Murfreesboro, Tennessee
Agosto de 2002

Una Nota de Mi Padre

Roberto era un bebé saludable, calmado, cariñoso y responsivo hasta que cuando tenía 2½ años, se fue flotando afuera de nosotros, dentro de la cáscara de autismo aparente. Se regresó dentro para ser esencialmente no verbal, casi no responsivo, y no tocable. A veces pegaba su cabeza a la pared en frustración, lloró a algunos ruidos (aviones, camiones grandes, y su único solo viaje al peluquero). Estuvimos confundidos y alarmados. Su crecimiento y desarrollo parecían normal aparte del sobre dicho. Tenía muchos intereses en cosas. Incansablemente resolvió los juegos de rompe-cabezas, y a veces se quedaba arriba de su caballo de columpios por periodos largos, mientras miraba derecho a través de ti.

Evaluaciones de audiológicos y mis compañeros en la pediatra, psico-logía, y psiquiatría dijeron que era "demasiado inteligente y demasiado coordinado" para ser autístico. Su desorden estuvo llamado "reacción ajustamiento a niñez." Eso fue 25 años antes de la sección de alto funcion-amiento de autismo (síndrome de Asperger's) era una entidad reconocida.

Verdaderamente fuimos afortunados que un psicólogo nuevo, Murphy M. Thomas Ph.D., llegó a Murfreesboro. Él y el Centro de Dirección, acompañados con un equipo de modificación de comportamiento de la universidad local, intervinieron durante el segundo año de kinder de Roberto. El doctor Thomas le guió por una experiencia difícil por los primeros meses de grado primero. También estructuró su transferencia a otra escuela pública con una programa de educación especial y maestras que fueron simpáticas que cuidaron y ayudaron con paciencia y cooperación.

Roberto avanzó bastante en el tercer grado, gracias a la maestría de una maestra simpática y muy competente. Llegó a ser un estudiante excelente, graduándose de la escuela prepa como segundo en su clase, con premios en español, electrónicas, geometría, matemáticas avanzadas, y el premio de 4.0 de ciencia. Recibió una beca presidencial de trabajo especial cuando asistió a la universidad Tennessee Technologial University, y se graduó con un título en ingeniero eléctrico.

En este libro, Roberto describe gráficamente su vida, sus éxitos y sus luchas con las negociaciones, relaciones interpersonales, y haciendo amigos.

Roberto vive en otra casa en nuestro rancho en el centro de Tennessee. Es un escritor, carpintero, pintor y un viajero intrépido. Es una colec-cionista de piedras, fósiles, libros, teléfonos, vagonetas, y una variedad de árboles y flores. Sus viajes y muy buenas fotografías atestigüe a su reverencia por la naturaleza y la selva.

En años más recientes, ha coleccionado (como regalos) bicicletas, equipo usado, fregaderos de cocina, computadoras, y madera rajada, para llevar a México. A veces le llamamos el "gringo santa".

Al despecho de muchas fuerzas positivas, las normas de socialización, conformidad, y empatía han seguido a ser difícil para él y confuso para nosotros. A veces tiene episodios de sobrecarga sensorial y a veces ha estado obsesionado con la compulsión de completar proyectos. El último ha sido un beneficio, especialmente en compilar genealogías y cuatro álbumes de fotografías de la familia cada uno siendo más que 100 páginas, copias de los cuales fueron distribuidos a todos miembros de la familia y bien apreciados. Algunos fetiches persisten, por ejemplo usando solo teléfonos rotarios en su casa y manejando carros solo equipados con transmisión estándar.

Cuando Roberto tenía 28 años, descubrimos un muy buen artículo "Un Antropológico en Marte" que apareció en la revista *The New Yorker* (diciembre de 1993/enero de 1994). Las similaridades de Roberto al doctor Temple Grandin nos llamaron atención – una sacudida de la aclaración y un alivio de asegurancia para finalmente comprender mejor la vida de Roberto de sentir "diferente."

Mi esposa Patricia y yo sentimos mucho orgullo por nuestro hijo. De veras ha sobretriunfado mucho. También estamos agradecidos con la comunidad de buenas maestras y consejeros quienes le dieron dirección en sus años de escuela, y a la familia y amigos quienes le apoyaron durante su niñez y adolescencia. Especialmente apreciamos al doctor Murphy M. Thomas por seguir su dirección con nosotros y por su prefacio en este libro.

Robert S. Sanders, M.D., FAAP
Agosto de 2002

Introducción

El síndrome de Asperger's está considerado ser un desorden del espectro de autismo. Yo lo considero como una forma suave de autismo. Síndrome de Asperger's afecta como funciona el cerebro, y ocurre en un porcentaje significativo de la población humana. Hasta recién, recibió poca atención y consideración. No hay un solo causo por eso. Autismo puede afectar la capacidad para desarrollar la estabilidad emocional normal y la coordinación cuando asociando con otros. Muchos autísticos también tienen paternos de comportamiento afuera de normal, y algunos se ponen a distancia. Algunos individuos con autismo son muy estructurados en sus manierismos y rutinas, mientras otros tienen niveles altos de percepciones de conocimientos. Haz de decir que la gente con autismo operan con un juego diferente de códigos. A veces es difícil que los autísticos y los con Asperger's reconozcan ciertas señales sociales, especialmente señales sútiles, como movimientos de los ojos y lenguaje de cuerpo, muchos de los cuales están tomado por concebido por la gente sin autismo. Dificultades con estas cosas causan problemas de comunicación y establecer y mantener relaciones de amistad en la vida. La gente con autismo pueden estar ayudados por entrenamiento y terapia. Hay soluciones que verdaderamente les puede ayudar en avanzar y traerles afuera de su mundo y más dentro de nuestro.

A veces autismo está ingerido genéticamente. A otras veces, pudiera estar causado por químicos del cerebro afuera de balance, alergias de comida, o acumulación de levadura de yodo. Estos casos pueden estar tratados por monitorear lo que come de comida y/o tomar vitaminas, minerales, y otros suplementos o medicamentos. Hay unos que creen que metales pesados, como plomo, mercurio, aluminio, arsénico, cadmio, y talio, también pudieran causar autismo. Intravenoso y tipos orales de terapia de quelación han estado usados para remover tóxicos de metales pesados en algunas gentes. Sin embargo, este método es muy controversial.

Mis rasgos autísticos empezaron durante mi niñez temprana. Mientras crecí, la mayor parte de mis rasgos de autismo desaparecieron. Sin embargo, algunas características residuos se quedaron conmigo, por ejemplo mis sensitividades a ruidos, perfumes, flash de cámara, el humo, y también a veces siendo sencillo.

Haciendo amigos nunca era muy difícil para mí. Pero a veces conservando esas amistades parecía una hazaña más allá que mis capacidades.

Mientras es fácil para la gente sin autismo, ha sido difícil, a veces, para mí para saber como leer y reconocer una amistad verdadera. Éste es debido a la verdad que muchos autísticos y Asperger's no siempre entienden las expectaciones sociales de la otra persona. Es difícil para nosotros percibir cuando la otra persona se está cansando de la amistad o llegando a ser aburrido, o aun que la amistad se está fregando o pudriendo.

También pienso que hacer y conservar amigos está hecho más difícil porque autismo y síndrome de Asperger's son condiciones no muy bien entendidos por la gente en general. Para ellos, autismo es como un vacio, y los miedos peores de la gente – en el lugar de su compasión y comprensión – tienden llenar ese vacio. Debido a mis rasgos, algunas gentes tienen miedo de socializar conmigo. A lo mejor me perciben como una persona de expectaciones extremamente altas y estándares iguales, y por eso están espantados. La gente evitan los autísticos y los Asperger's porque no les entienden, y les tienen miedo por eso. Este libro ayuda a dar una cara humana, o pudiera decir, un marco de referencia a las características de autísticos y Asperger's en la esperanza que los que tienen miedo de la gente con esas condiciones pudieran llegar a ser más comprensivo y aceptando de ellos. Aun en la cara de ésto, hay algunos amigos con quienes me he llevado bien. Ellos se han quedado mis amigos, gracias a ellos, y les aprecio. Mis amistades con esas gentes son mis historias de éxitos.

Durante mi adolescencia, nunca me consideré incapacitado, y creo que eso fue a mi beneficio. Síndrome de Asperger's no es una enfermedad. Sencillamente es una plantilla diferente de vivir. Los que tienen Asperger's también tienen un juego diferente de códigos con que funcionar mientras se adaptan a las situaciones de su vida. Ellos tienen una manera diferente de arrimarse a las cosas, y uno pudiera decir que ellos toman un diferente y a veces más difícil camino para llegar a la misma destinación para resolver problemas. Cuando alguien tiene síndrome de Asperger's, llegando a su destinación no es tan fácil como sería por una persona que es "normal".

Mucha gente que tienen Asperger's piensan literalmente, linealmente, y en una manera de un solo carril. Tienen que aprender las señales sociales manualmente, paso por paso. Tienen que emparejar los filos y puntos de sus características a veces intensas y tercas para ponerse más aceptable en la sociedad. Muchos de ellos se han adaptado muy bien y son de éxito. Personas con Asperger's no deben que estar evitados ni odiados, aunque ellos no tuvieran el mejor comportamiento o habilidades sociales. Muchos de ellos son buenas gentes y decentes con mucho de ofrecer. También muchos son muy cuidadosos y exactos, y tienen memorias fenomenales.

Asperger's pueden ser muy persistentes y meticulosos, y pueden mostrar otros rasgos buenos, los cuales son ventajosos para alcanzar metas.

Siento que he sobretriunfado muchos de mis rasgos de Asperger's, y muchos de los desafíos que la condición presente. Sin embargo, todavía tengo algunos rasgos residuos a este día. Es muy fácil para mí para acordarme de números telefónicos. Ese rasgo es una conveniencia bienvenida a mi vida. Resisto cambios. Todavía tengo el primer carro que compré y los subsecuentes carros también. Soy persistente, y soy cuidadoso, lo cual considero ventajoso en el lugar de desventajoso, porque con estos rasgos, mi terquedad me ha motivado a completar unos proyectos, recibir buenas calificaciones en la escuela, resolver problemas, y cumplir muchas metas que otras personas han admitido que ni siquiera habrían considerado.

Bueno éste no es la verdad por todos Asperger's. Hay algunos que no pueden organizar las cosas, y ellos les falta la motivación para resolver problemas y cumplir proyectos aunque son muy inteligentes. Hay muchos tipos de Asperger's, y cada caso es único en su propia manera. Afortunadamente, en mi caso, el autismo es bastante suave que todavía tengo un sentido de competencia y sigo una vida la mayor parte normal. Aunque a veces tomo las cosas más literalmente que otros lo toman, pienso claro y entiendo muchos conceptos.

Hay una cosa más que necesita estar considerado antes de seguir – la validez de obtener un diagnóstico oficial de síndrome de Asperger's. Mientras escribiendo este libro, mis padres se preocuparon que si yo no obtuviera un diagnóstico oficial, expertos incluyendo Ph.D.s y doctores clínicos pudieran cuestionar la validez de este libro. Yo no estuve diagnosticado con síndrome de Asperger's porque no era un rótulo que se usaba en esos días cuando yo era un niño. Sin embargo, estuve verdaderamente diagnosticado tres tiempos diferentes durante mi niñez, con la terminología disponible a los doctores clínicos y equipos psicológicos en *esos* días. En el año 1968 estuve diagnosticado con "muco purulento electivo". En el año 1972, Dr. Murphy Thomas y su colega de trabajo diagnosticaron problemas de ajustamiento, anotando que yo "mostraba una variedad de paternos de comportamiento aberrante." Finalmente, en el año 1976, mi problema fue nombrado "ajustamiento reacción a niñez" y después nombrado "ajustamiento reacción a adolescencia."

Los rasgos de niñez que yo mostraba claramente acoplan con el perfil de Asperger's, y si yo fuera un niño hoy con los mismos rasgos, creo que yo habría estado diagnosticado con síndrome de Asperger's. La gente quien leen este libro van a pensar lo que quieran, pero no hay necesidad que yo obtenga un diagnóstico oficial de síndrome de Asperger's hoy, desde el rótulo ya no serviría en mi vida.

Sería más productivo irse atrás y mirar a los rasgos que yo mostraba en mi niñez, y redefinir los diagnósticos hechos en esos días, usando la terminología del día presente. Tengo fotocopias de algunas 50 páginas de literatura que pertenece a los diagnósticos de mi niñez, incluyendo copias de las cartas y reportes semanales de progreso hechos por el equipo psicológico cuando yo estaba en primer y segundo grados que claramente documentan los rasgos que los doctores clínicos hoy llamarían síndrome de Asperger's. Entonces tengo mi evidencia. Además, parece que cualquier doctor clínico que entiende el síndrome vería que, de acuerdo con los rasgos que yo tenía cuando yo era un niño, y leyendo mis anécdotas en este libro, que el rótulo síndrome de Asperger's es apropiado.

Mientras hablando sobre el sujeto de diagnosis, hay que mencionar que mientras la mayor parte de la gente con algún tipo de autismo están diagnosticados durante su niñez antes de escuela, no es necesariamente el caso con Asperger's. Los que tienen síndrome de Asperger's frecuentemente están diagnosticados después. Mientras los doctores, doctores clínicos, y los médicos andan con el proceso de diagnosticar miles de gentes cada año, ellos necesitan mantener una mente abierta a posibilidades alternativas para explicar los rasgos autísticos, aun si algunos de ellos existen afuera de su creencia. La gente se portan como se portan por una variedad de razones, y una multitud de factores. Malos diagnósticos se quedarían a un mínimo si ellos que hacen los diagnósticos se quedarían con mentes abiertas y considerarían varias posibilidades y causas por los síntomas que están buscando.

En adición, es importante no sobre-usar el diagnosis clínico de síndrome de Asperger's por aplicar el rótulo demasiado liberalmente. En mi propio caso, los rasgos niñez que yo tenía declaran claramente lo que los doctores clínicos hoy llamarían síndrome de Asperger's. A veces tengo el sentido, sin embargo, que el rótulo de Asperger's ha llegado a ser fácilmente una excusa conveniente para explicar idiosincrasias adultas o comportamientos como niño en adultos muy inteligentes, y aparte de eso, normales.

Más y más niños están recibiendo diagnosises de autismo o síndrome de Asperger's cada año que pasa, parcialmente debido a mejores pruebas y conocimiento, y sabiendo más sobre reconocer la condición. El número de los casos está subiendo. Personalmente yo creo que haya otras razones por ésto. En Parte 6: *Conceptos Misceláneos y Discernimientos*, tengo dos tópicos explicando ésto.

Considero este libro una adición importante a las bibliotecas personales de psicólogos, psiquiatras, maestros entrenando y maestros, y también los padres, por como presenta un ejemplo de como los rasgos de un Asperger's pueden afectar la vida. Algunas partes del material en este libro expresan mis puntos de vista personal y pudieran ser considerado mi opinión de como interpreto ciertas situaciones. Lo que es más importante es que sí, es posible sobretriunfar muchos de los desafíos de autismo suave y síndrome de Asperger's y disfrutar una vida razonable normal.

Mientras leyendo mi libro, es probable que ustedes van a realizar que soy soltero y que nunca me he casado. Nunca he buscado casamiento (matrimonio), porque a mí no me interesa. Más con tantos divorcios que existen en la sociedad, tengo menos interés en casarme. Yo no soy heterosexual ni homosexual, y no tengo compañero(a) de vida tampoco. Me considero no sexual, en otras palabras neutral, porque no tengo preferencia en términos de asociar con los humanos.

Por ustedes quienes les gusta leer y desean hacer un estudio más a fondo de algunas experiencias de mi vida, pueden obtener y leer mi novela, *Caminando Entre Mundos*, una novela de un americano en México, escrito por Robert Alquzok (mi sobrenombre), longitud 436 páginas, ISBN 1-928798-03-9. El héroe de la novela es Rolando Jocelyn, un americano joven quien hace viajes seguidos a un pueblo pequeño llamado Bustamante, Nuevo León. Disfruta aventuras, tiene experiencias con buenas amistades, pero también tiene experiencias de conflictos, mal entendidos, y escándalos. Las experiencias de Rolando son derivados de mí y mis varias aventuras en México durante un periodo de diez años. Con el flujo recién de muchos mexicanos a la sociedad americana, esta novela importante presenta un ejemplo de las relaciones entre los mexicanos y americanos y la cultura. *Caminando Entre Mundos* es disponible y listo para ordenar de la compañía Ingram Book Company y se puede poner un orden en cualquier librería. Más tengo muchas copias de venta.

Es mi esperanza que vas a disfrutar los siguientes tópicos, anécdotas y experiencias personales en este libro, y que te van a ayudar ganar discernimientos y un mejor entendimiento de la vida de un Asperger's alto funcionamiento.

Robert Sanders, sus padres, y sus abuelos, diciembre de 1965

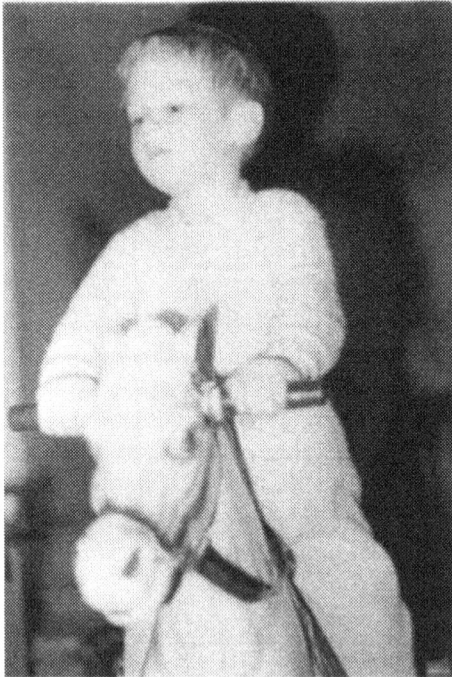

Robert arriba de su caballo de columpios, 1968

PARTE 1

NIÑEZ Y DESAROLLO ADOLESCENTE

Niñez Antes de Escuela

Solo tengo pocas memorias antes de la edad de cuatro años, y tengo pocas más de la edad cuatro a cinco. Tengo mi primera memoria de estar en la casa de mis abuelos en Crossville, Tennessee, uno de estar dentro de la casa sentado en la mesa de la sala, y otro de jugar en el solar con una señora llamado Marjorie. Estuvimos jugando alrededor de un árbol Picea.

Mamá me daba rompecabezas para jugar y resolver. Éstas eran muy ayudables en aumentar mi inteligencia, capacidad mental, y claridad mental. Desarrollo del cerebro es muy importante, especialmente durante los primeros años de la vida. Me acuerdo un corral en el solar de mi casa donde yo jugaba. También pasé tiempo columpiando mucho en un caballo de columpios llamado Clip Clop.

Tengo memorias de mis primeros sentidos de sensitividad cuando yo tenía tres años. Atrás en esos días, los tardes 1960s, la fuerza aérea Sewart Air Force Base de Smyrna, estuvo en uso, y aviones cruzaba para arriba a veces, en ruta a otras bases, que sea Arnold Engineering Development Center en Tullahoma, o a Huntsville, Alabama y a la multitud de las bases militares allí. A veces cruzaron arriba pero bajo. Una vez cuando estuve en el jardín atrás del solar, uno de ellos pasó cerca arriba recio con su sonido y mucho ruido, y me espantó. Corrí regresando a la casa llorando. (¡Tal vez habría espantado a cualquier niño de tres años!).

Durante mi niñez temprana, yo tenía rasgos de autismo significantes. Yo solo tenía un vocabulario de 25 palabras cuando yo tenía tres años, y la mayor parte eran palabras de bebé. Yo no hablaba mucho, y mis padres realizaron que estuve tardado en el desarrollo. Estuvieron preocupados sobre mí y pensaron que tal vez yo tenía problemas en oír. Me llevaron a una doctora en el centro de médicos en Nashville para probar mi capacidad de oír. Actualmente me acuerdo el momento esperando en el cuarto antes de me atendieron. Se dieron cuenta que mis oídos eran excelentes. La doctora sospechó que yo tenía un vocabulario receptivo de 1,500 palabras, de palabras que yo entendía aunque yo no las decía.

Mis padres preguntaron a la doctora si yo fuera autístico, y ella contestó que pensó que no. La gente autística debían que estar retardado y severemente incapacitado. Ella les dijo que mis problemas eran psicológicos y que me quedaba callado debido de "muco purulento electivo", que básicamente quería decir que me quedaba callado porque yo tomaba la decisión de no hablar. Así es como estuve diagnosticado, desde había falta de información general acerca de autismo en esos días.

Aunque no estuve diagnosticado con "muco purulento electivo," yo tenía un deseo de comunicar. La foto de mí de tres años, con teléfonos en mis manos, muestra eso. (Vea página 13.) No creo que yo tenía "muco purulento electivo" (lo cual creo que está considerado un tipo de desorden de ansiedad). Es que no estuve seguro como ensamblar las palabras juntas en una edad tan joven.

Para cuando yo tenía cuatro años, finalmente empecé a hablar en sentencias completas. Años después, me di cuenta que lo mismo había sucedido por el papá de mi papá, en que un día él le sorprendió a su mamá con sentencias completas en la misma edad de cuatro años. Él manejaba bien las matemáticas como yo, y teníamos otros rasgos similares también. Sin embargo, él tenía un rasgo que yo no tengo. Él tenía una memoria fotográfica y podía memorizar página después de página de texto, algo que no puedo hacer. Al contrario, soy bueno para acordarme de eventos durante mi vida, y especialmente en acordarme de números y nombres.

Cuando yo casi tenía cuatro años, mis padres pusieron una adición de un porche atrás de la casa. Era un cambio grande que me frustraba, y empecé a pegar mi cabeza con la pared para soltar frustración. A veces mi cabeza se hizo un moretón, y a veces quebré vidrios de puertas con mi cabeza. Un día cuando yo tenía cinco años, quebré un vidrio de la ventana y se cortó el frente de mi cabeza. Esa fue la última vez de pegar mi cabeza.

En mi niñez temprana, yo sentía bastante alien (extranjero) a la cultura aquí, como tal vez yo era de un sistema de estrella lejos. Me di cuenta que no me gustó vivir aquí en Tierra, porque este mundo se sintió muy diferente, a veces hostil. No estuve acostumbrado a eso, y a veces sentí angustia. Sentí que me había equivocado por haberme nacido aquí en *este* planeta. Me sentí entrampado aquí y frustrado. Sentí como quise salirme, eso es, regresarme a mi casa . . . a mi "planeta de origen." Creo que en el tiempo durante mis años del kinder, decidí quedarme aquí. Me estuve acostumbrando poco a poco a la vida aquí para entonces. Tal vez despues de todo, no era tan malo. Todavía requerría algunos años más para ajustarme más bien.

Por los que creen en la reencarnación, a la mejor ésta es mi primera vida en este mundo Tierra, mientras otros humanos vivos aquí hoy pudieran estar viviendo su decena, centésima, o aun un número más alto todavía de vida. Si es cierto, ellos han tenido mucha experiencia, pero desde yo estoy viviendo mi primera vida humana aquí, no he tenido experiencia anterior. Tal vez por eso me porté muy extraño en mi niñez temprana, pero por experiencia acumulada, finalmente llegué a ser más acostumbrado para la edad de nueve o diez años, el tiempo cuando llegué a ser más o menos normal. En otras palabras, puedo decir que yo sobre-triunfé muchos de mis rasgos autísticos por aprender paso por paso, y detalle por detalle las cosas que otros parecen que saben casi por sus instintos: los manierismos de como ser una persona y como portarse durante su niñez.

Sospecho sobre mis sentidos que pertenecen a la reencarnación para apuntar que existe mucho más allí en el universo que nosotros humanos *no* sabemos. ¿Vinieron solamente de autismo mis anormalidades de niñez temprana? ¿O tal vez pudieran haber venido de vivir mi primera vida aquí en Tierra? Tal vez vinieron de las dos cosas.

Por la reencarnación, yo tenía unas experiencias raras en mi niñez temprana que me hicieron creer que nosotros humanos tenemos una fuerza de vida – un espíritu que nos anima. También creo que el espíritu es despegable del cuerpo, y que cada espíritu tiene su propio esencia por cada humano vivo en Tierra. ¿Entonces, por qué ese mismo espíritu no puede regresar a Tierra por otra vida después de la muerte de su cuerpo, y seguir regresando a Tierra por otras vidas más?

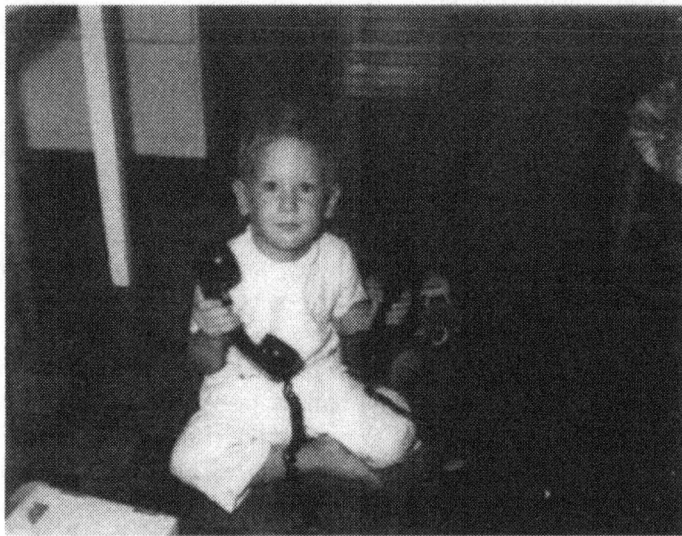

Robert Sanders jugando con los teléfonos, 1968

13

El Kinder

Recuerdo mi primer día del kinder en el año 1970. En esos días no había kinder público, y estuve puesto en un kinder situado en una de las iglesias en Murfreesboro. Teníamos dos maestras. Mi papá me llevó a la escuela cada día, y él trabajaba diagonalmente en el otro lado de la calle. Cada día me llevaba a la puerta de la clase. No me gustó la idea de estar dejado solo con extranjeros ni estar afuera de mi casa y familia. Dos años antes yo había estado en una sesión de clase de domingo en ese mismo cuarto, y lloré por todo el periodo al par de la puerta, queriendo salir.

La clase de kinder parecía muy alien a mí. Yo no sabía lo que hacer. Era un gran cambio de mi rutina normal. Inmediatamente me acosté en el piso. Acerca de hablando, no me sentí a gusto. Sentí como si hubiera un tipo de barrera – un bloqueo mental previniéndome de hablar – y aunque yo quería hablar, no pude esforzarme a hacerlo. Era demasiado difícil y sentí mucha vergüenza. ¿Qué yo iba a hacer? Me sentí entrampado y en desesperación.

Pues, eventualmente me acostumbré más o menos estar allí, pero en protesta sutil había dos cosas que absolutamente no hice. Una de ellas era hablar. Yo no hablaba en la clase, ni en otras partes del edificio – ni siquiera en el patio donde jugábamos. Era como si estuviera prohibido que yo hablara mientras asistiendo a la escuela. Se me olvidó mi regla de prohibición solo dos veces en todo el año, brevemente diciendo algo a dos diferentes compañeros de clase.

La otra idiosincrasia significante en el kinder era que rechacé tragar mi saliva y cada día se acumulaba en mi boca. Varias veces cada día, cuando llegó a un nivel molestoso, yo entraba en el baño de la clase, y allí yo quitaba una servilleta de papel del dispensor, y luego solté toda la boca llena de la saliva simultáneamente dejándola caer en el bote de la basura. Cuando miro atrás en eso, éstos eran rasgos vergonzosos, especialmente el sobre dicho, pero atrás en esos días yo razonaba que desde yo no hablaba, yo no tenía que tragar tampoco. Uno de mis compañeros, Tommy, y su familia rezaba por mí cada noche en su casa. Aun todavía, la barrera de hablar y el problema de la saliva no fueron resueltos por otro año más.

Bueno haz de decir que había unos pocos de esos compañeros de clase que vinieron a jugar conmigo en el rancho. Claro que sí, mis padres eran los que arreglaron esas visitas. ¡Sorprendido esos compañeros de clase estuvieron cuando de repente hablé con ellos al momento de salir de la iglesia/escuela y entramos en el carro! Yo hablaba con ellos en mi casa también. Uno de ellos, Ricky, después jugó conmigo y me habló allí en la clase, pero no le hablé allí. Otro compañero quien llegó conmigo para jugar se llamaba Michael.

De todas formas, todo el año pasó, y nunca me hicieron hablar. ¿Entonces sabes qué? ¡Reprobar! O así como diríamos hoy, estuve detenido para atrás.

Mi segundo año del kinder estuvo en la misma iglesia, y ese año tuve una muy buena maestra que cuidaba por nosotros, nos motivó, y lo vio como importante que siempre cumpliéramos cualquier proyecto que empezamos. Es muy probable que ella es parte de la razón porque tengo la fuerza para tener éxito y que tomo y cumplo proyectos, aun todavía a este día.

Me cayeron más bien mis compañeros en mi segundo año del kinder que los del año anterior. No eran tan grandes, pero entonces yo tenía un año más de edad y yo era más grande por eso. Todavía, yo no hablaba, pero a lo menos aprendí como tragar. Suprimí esa restricción yo mismo. Muchos niños con síndrome de Asperger's hacen reglas por sí mismos, y a veces la única cosa que causa su cambio de comportamiento es su *propia* decisión de cambiar sus propias reglas.

Había un compañero con quien llegamos a ser buenos amigos. Su nombre era Jody, y jugábamos allí en el patio de jugar de la iglesia. Jody repetidamente llegaba conmigo en el rancho para jugar, y aun pasó la noche durante algunos fines de semana. Él, claro que sí, se dio cuenta que le hablaba en mi casa y persistió en preguntarme, "¿Por qué no puedes hablar en la escuela también?" Finalmente en febrero, bastante metido en el año de escuela, mi maestra del kinder y toda la clase se juntaron alrededor de mí y repetidamente me urgieron para hablar. Finalmente lo hice, pero en una voz "equivocada". Yo no podía usar la voz correcta. Pero sí hablé – una mejoramiento de veras.

Ahora, para poner más cosas a la complejidad, yo no hablaría en mi voz "correcta" mientras yo tenía puesta mi ropa de escuela, aunque no era ropa de vestido ni uniforme. Cada día cuando me salía de la escuela y mi mamá me recogía, yo me cambiaba a una camisa que traía un número. Solo entonces yo podría usar mi voz correcta. Era como si, durante mis primeros años de escuela, yo estaba viviendo una existencia dual, o sea yo tenía una personalidad dual. Uno pudiera decir que posiblemente había una "entidad extra" en mi espíritu que finalmente se fue (acompañado con mi voz equivocada) cuando entré el tercer grado.

Me acuerdo mucho de mi niñez claramente, y yo disfrutaba haciendo unos amigos durante mis dos años del kinder. Jody y yo éramos amigos hasta el noveno grado, y de vez en cuando le hablo todavía.

Uno puede pensar que yo tenía bastantes problemas ajustándome a los cambios y yendo a escuela. Yo tenía unos rasgos muy tercos, y a propósito yo me ponía restricciones muy duras a mí mismo, los cuales quise suprimir, pero ya cuando me las ponía ya no las podía suprimir. Siempre estoy agradecido a mi maestra del segundo año del kinder y a mis compañeros de clase por cuidar por mí y por esforzarme de empezar a hablar.

Robert Sanders tecleando a 10,000, verano de 1972

10023

Entre el kinder y primer grado, llegué a ser interesado en números. Tal vez mirando a *Plaza Sésamo* en la televisión casi todas las tardes era la cosa que me hizo interesado. Yo sabía un poco sobre los números, y yo sabía como contar a 199. Una mañana le pregunté a mi papá que número venía después de 199. Él me dijo, "dos cientos". *¡Ah, claro que sí!* realicé. El próximo número era 201, y no era mucho tiempo hasta que realicé que cien números después de 200 era 300, entonces 400, 500, 600, 700, y más. Mi papá explicó que 10 cientos es exactamente un mil, pero me quedé con el rótulo "cientos", hasta 99 cientos. El número después de 9,999 era 10 mil (10,000) mi papá me explicó. El próximo dígito era 100 mil, entonces

1 millón, entonces 1 billón, 1 trillón, 1 cuadrillón, y más todavía.

Mi mamá me llevó a una programa de verano un día en Nashville, y me acuerdo contando con mi voz, y a veces silenciamente, hasta 5,000. Estuve tan cautivado con los números que tomé un proyecto grande cuando yo tenía seis años y once meses. Usé la máquina de escribir Royal de mi mamá, y teclé cada número de 1 a 10,000. Cada día pasé tiempo tecleando, en adición a andar en mi nueva bicicleta en el rancho y jugando con Jody cuando venía para visitar. Me tardé como tres semanas para hacerlo, pero yo tenía terquedad y persistencia quedarme con el proyecto hasta que finalmente alcancé 10,000. Todo sumó hasta 25 páginas lleno de números. Es cierto que yo tenía un conocimiento muy claro de números después de eso, ¡y que tantos números eran! Cuando alcancé 10,000, estuve tan metido en eso que no paré exactamente. Seguí un poquito más, parando a 10,023. Guardé esas páginas de texto por algunos meses, tal vez un año, y entonces después ya nunca fueron vistos otra vez – misteriosamente perdidos. Uno tiene que entender que es muy raro por un niño de seis o siete años para teclear todos los números hasta 10,000, pues mejor dicho 10,023.

Velocímetros y Odómetros

Mientras estoy hablando sobre números, voy a mencionar que siempre me fijaba en la millaje de los carros de mis padres. Nuestro Volvo de modelo 1970 tenía un velocímetro/odómetro que marcaba hasta 1,000,000. También tenía un odómetro más pequeño que pudo estar repuesto a 0 cuando alguien quisiera. Solo marca hasta 1,000. Para el verano de 1974, nuestro carro ya había alcanzado 100,000, y desde no marcaba los décimos de las millas, y el más pequeño sí, decidí reponerlo a 0 exactamente cuando el carro alcanzó 100,000. Varias veces mis padres se les olvidó y repusieron a 0 el más pequeño, y me enojé a eso porque ya no estuvo sincronizado con el odómetro mayor y yo tendría que esperar hasta que cumplió otro mil, y entonces tener bastante suerte estar presente ¡y *acordarme* empujarlo para reponerlo en el momento exacto! Después de numerosos miles de millas, finalmente lo corregí y convencí a mis padres que ya no repusieran a 0 el odómetro menor. Mis padres nunca fueron tan exactos como yo era en esos días y hasta hoy todavía soy, aunque no tanto.

Siempre yo andaba con velocímetros/odómetros en todas mis bicicletas anteriores, y para el año 2000, finalmente tuve que salirme de la tradición, ¡porque ya no estuvieron fabricando los aparatos! Más, solo yo quería velocímetros análogos manejados con cable – nada electrónico. En los tempranos 1990s, yo había comprado algunas extras velocímetros/odómetros análogos para guardar por el futuro y cuando puse uno de ellos en mi Schwinn de cinco cambios, ya cuando alcanzó 10,000 (0000), el velocímetro/odómetro repuesto solo alcanzó 279 ¡y ya no jaló! Entonces instalé otro ¡solo para descubrir que los nuevos cables eran defectuosos en tamaño!

Hasta que yo tenía treinta tantos años, yo era muy fijado sobre el millaje en mis bicicletas. Yo quería ser la persona para poner *todas* las millas en ese velocímetro/odómetro, y ningún otro. Una vez, solo pocos años en el pasado en 1997, cuando estuve en México presté mi bicicleta a alguien por 30 minutos. Lo puso una milla. Se me había olvidado desconectar el cable del velocímetro antes de prestársela. Cuando regresó, ahí mismo enfrente de él y otros que estuvieron con nosotros, invertí mi bicicleta y di vueltas para atrás a la rueda del frente, y quité esa milla del velocímetro/odómetro. ¡Ahí está! Eso ya corregido. En otra ocasión, un muchacho lo cual con su familia me estuve quedando, llevó mi bicicleta por algunos 17 o 18 millas, y cuando regresé a Tennessee, llevé mi bicicleta de paseo exactamente esa distancia, con el cable desconectado. ¡Corregido otra vez!

Sé que mucha gente van a pensar que es muy curioso mi comportamiento. Pero es mi derecho para ser exacto sobre quien pone *todas* las 10,000 millas en mi propia bicicleta Schwinn. ¡Esa fue mi meta y la alcancé! El velocímetro/odómetro sorpresamente duró todas esas millas. Estuvo hecho en los 1980s, los días cuando todavía estuvieron hechos bien.

Rechazo avanzar (rechazo conformarme) a los velocímetros/odómetros digitales, y por eso ya no marco las millas en mis bicicletas. El problema que tengo con los velocímetros/odómetros digitales es que ya cuando la batería está quitado, todas las millas están borradas, y cualquier batería se va a descargar después de un máximo de diez o quince años.

Mi Percepción Exacta de Velocidad, Tiempo y Distancia

Antes de 1974, cuando yo era un niño pequeño, me acuerdo que la máxima de velocidad en la carretera de dos carriles al pueblo era 65 millas por hora. Me acuerdo varios viajes al pueblo con mi mamá manejando esa velocidad, y yo contaba las rayas perforadas en la carretera. Pronto realicé que por sencillamente observando las rayas pasando, pude juzgar exactamente que tanta velocidad estuvimos yendo dentro una milla por hora. Yo lo verificaba con el velocímetro. No solo yo era así en mi niñez, todavía soy así ahora. No tengo que mirar al velocímetro para saber que tan rápido estoy yendo en el camino. He llegado a darme cuenta que soy bastante exacto en juzgar la velocidad, distancia, tiempo, y aun la temperatura. Por ejemplo, puedo salir afuera, sentir el aire, y precisamente juzgar aun la temperatura entre un grado.

Cuando yo era niño, y también durante mi adolescencia, yo escuchaba a la radio. A veces también escuché a las estaciones de la onda corta, incluyendo las que solo estuvieron dedicadas a dar el tiempo. Pronto me di cuenta exactamente que tanto tiempo era un segundo por escuchar a los pitos constantes de un segundo cada uno.

En mi niñez yo tocaba discos en mi tocadiscos, escuchando a 33s, 45s, y 78s. En mi mente, pronto me di cuenta de la velocidad de rotación de cada uno, y pude repetirlo precisamente. Todavía puedo hoy. Sabiendo esos números, puedo sentir mi pulso de mi corazón y saber cuantos pulsos por minuto hay. Parece que todo lo demás de la gente tienen que fijar su pulso con su reloj y contar el número de los pulsos durante un intervalo de, por ejemplo, quince segundos.

Siempre he sido un buen juez de distancia y altura. Puedo mirar a una persona y saber cuanto mide. Cuando estoy manejando en la carretera, puedo saber cuanto mide de ancho, que sea 18 pies, 20 pies, o más ancho. El mismo es cierto por los puentes.

Mientras conozco a algunas gentes que son los mismos exactos como yo en estas cosas, he llegado a darme cuenta que la mayor parte de la gente no pueden juzgar la velocidad, distancia, tiempo, y temperatura con la misma cantidad de exactitud que yo puedo.

Primer Grado (Problemas y Soluciones)

Era el otoño de 1972 cuando entré en el primer grado en una escuela, la cual voy a referir como "la escuela elite del ejido," (por razones que pronto van a ser obvias). Mientras la escuela actualmente no era una escuela magneta en la terminología de hoy, era una escuela especial en el sistema de las escuelas del ejido, y normalmente fue sabido que la gente más elite en el pueblo registraron sus niños años antes del tiempo para que pudieran asistir a *esa* escuela primaria. Era "la cosa para hacer." La escuela aun tenía una lista *preciosa* de esperar. En esos días, la escuela pertenecía a una de las universidades, entonces estuvo arreglado como una escuela especial para entrenar las maestras estudiantes.

Mis padres estuvieron hechos creer que esta escuela elite del ejido sería la escuela ideal para mí. Después de todos mis problemas en el kinder, mis padres estuvieron dichos que era una escuela laboratorio muy fina que tendría buenas maestras estudiantes y equipos de comportamiento modificantes para beneficiar estudiantes como yo. Yo ya había estado en una programa de verano enriquecimiento en la misma escuela dos meses atrás, y yo reconocía algunos de los compañeros de allí.

Mi maestra era una mujer más o menos joven quien, antes de llegar a ser una maestra, había servido en algunas posiciones prestigiosas en el pueblo. Teníamos sesiones de matemáticas y lectura en su clase. Yo tenía siete años y todavía yo no podía leer, con excepción de los números, claro que sí. Teníamos libros de colorear y lecciones en que escribíamos contestas, y todo fue bien por unas pocas semanas, hasta que no llené una pregunta muy bien, y mi maestra de repente me dijo, "¡No recibes un 100 por eso!"

Un día mientras caminando por el pasillo en la cola de formación con mis compañeros, mi maestra de repente me pescó y me dio una nalgada con su mano mientras todavía estuve caminando. ¡Eso me hizo bastante enojar! Durante el almuerzo le saqué la lengua a ella varias veces y ella declaró, "¡No me saques la lengua a mí nunca!" Las cosas se pudrieron rápidamente después de eso y ella me dio nalgadas, en adición a cachetadas en el muslo y otros abusos, ¡por ejemplo agitándome cuando yo jugaba con los juguetes! ¡Llegué a ser más frustrado! Yo andaba por todos lados de la clase. Yo gateaba bajo de las mesas y sillas, y tiré cosas afuera por las ventanas. ¡Por resultado, mi maestra se hizo más abominable! ¡La manera que me maltrato era muy afrentoso! Ella movió mi escritorio afuera de la clase y dentro del pasillo. Llegué a ser más frustrado durante mis últimos días en su clase. Con mi mano yo pellizcaba los cuellos de otros compañeros y yo peleaba con ellos también. La mamá de uno de los estudiantes lo cual su cuello yo había pellizcado vino a la escuela y se quejó.

Un día en los primeros días de noviembre, dos meses dentro del año de escuela mi maestra llamó a mis padres ¡y pidió si pudiera darme una nalgada dura! ¡Que horrible de ella para pensar en hacer tanta mala cosa a mí! ¡Ella ya había sido bastante abominable! Mis padres rápidamente le dijeron, "¡Absolutamente no!" Mi mamá estuvo bien molesta a la manera en que mi maestra me había maltratado, y expresó su disgusto sobre eso a ella, y mi maestra se puso muy defensiva. Sus métodos originaron de unas maneras pasadas de moda de pensar, y ella no quiso admitir su incompetencia y que no supo como manejarme.

Mis padres fueron a la escuela y estuvieron asustados cuando la directora de la escuela proclamó, "No tenemos niños con problemas en esta escuela," queriendo decir que la escuela no tuvo que tratar con niños de cosas especiales, porque "no tuvieron." Eso era un falso totalmente, lo cual con todos los problemas que me estuvieron pasando, ¡ni siquiera mencionar la mamá de uno de los estudiantes con su cuello adolorido llegando a la escuela y quejándose sobre mí! Mis padres se dieron cuenta de la verdad de las cosas – que la escuela *nunca* bajo cualquier circunstancia dejó que los equipos de comportamiento modificantes entren la escuela para trabajar con sus estudiantes. Después de todo, ésta era una escuela elite. ¿Verdad? Mis padres me sacaron de esa escuela.

Desde el principio, mis padres habían pedido específicamente la otra maestra de primer grado. La directora de la escuela nunca cedió paso, sin embargo, y tal vez como una manera de tratar de probar que ella sabía lo que era mejor por cada estudiante, me designó a la maestra opuesta a propósito. (Haz de decir que la directora era tan afuera de ceder paso que cuando varias maestras habían pedido aire acondicionado, ¡ella había declarado que no!)

No te equivoques. La otra maestra de primer grado no era exactamente un ángel, tampoco. Uno de mis amigos que estaba en su clase me contó que en el primer día de la clase, ella hizo que cada estudiante escribiera el nombre de la calle en donde vivía. Evidentemente ella esperó que todos ya supieran como escribir su calle porque cuando mi amigo, que muy apenas supo leer, lo escribió mal, ella le regañó duro, le llevó al frente de la clase, ¡y allí le gritó la manera correcta de deletrearlo!

Para decir más de la boca de leones de que estuve rescatado, el segundo grado habría sido una pesadilla viviente si yo hubiera quedado en esa escuela, ¡porque el mejor amigo de esa maestra era su tabla de madera de castigo! Otro amigo mío me contó mucho después que esa maestra le castigaba con su tabla todos los días en segundo grado; eso es, hasta que sus padres fueron a la escuela, ¡bien enojados con la maestra, y firmemente le dijeron que si tocara su hijo otra vez, ellos iban a poner una demanda contra la escuela! ¡Bien hecho! Me alegro que ellos amenazaron a esa maestra. Ellos le pusieron en su lugar. ¡Esa escuela debe que sentir vergüenza y arrepentir por todo el abuso y los castigos que dejó ocurrir! Aun con todo eso, la escuela se quedó abierta y todavía sirve una población elitista hoy, completamente con sus listas *preciosas* de esperar. A este día, todavía hay padres que van a la escuela para registrar sus recién nacidos varios años antes, para asegurar que vayan a *esa* escuela.

Una cosa más que voy a decir sobre mis memorias de primer grado en esa escuela es que encontré lindo uno de mis compañeros allí. Yo quería ser amigos con él, pero yo no sabía en como hacerlo. En frustración causado por mi maestra, y en esfuerzos para ser amigos con él, le pellizqué en su cuello varias veces durante los dos y medio meses que yo estaba allí. Me sentí mal por lo que hice a él. Fallé totalmente en mis esfuerzos de amistad con ese compañero. A lo menos le conocí después, cuando yo estaba en la prepa y, claro que sí, nos portamos razonables. A veces pensé en pedirle disculpas por pellizcar su cuello en primer grado. Pero decidí que mejor no recordarle que yo era el niño que le había hecho eso. En otras palabras, no quise abrir esa lata de lombrices.

Sobre la escuela elite del ejido, ¡gracias a mis padres que me sacaron de ese lugar! Me cambiaron a otra escuela primaria en el mismo pueblo, y ésta era una de las escuelas manejadas por la ciudad. Allí estuve bien recibido por una directora simpática. Mi mamá fue a conocer a mis nuevas maestras. Una de ellas se dio cuenta que mi mamá estuvo bien enojada con mi mala experiencia atrás en la escuela elite del ejido, y con la manera incompetente en que me habían maltratado.

Había un equipo psicológico, los cuales eran varios oficiales de educación especial con el Centro de Dirección. Dos de los psicólogos eran el doctor Murphy Thomas y su colega de trabajo. Ellos eran las personas que comunicaron con la oficina central de las escuelas de la ciudad, y ellos hicieron el arreglo de ponerme con esa sobre dicha escuela de la ciudad, ¡una escuela superior con recursos que la escuela elite del ejido no tenía! En una forma llamado Request for Pupil Personnel Services, dijo: "Niño rechazado de la escuela elite del ejido." [nombre actual de la escuela mencionado en el reporte] El doctor Thomas observó que yo tenía problemas de ajustamiento y que yo "mostraba una variedad de paternos de comportamiento aberrantes." Eso es, mi comportamiento se desviaba de la normalidad. Simpáticamente él escribió una carta al superintendente de las escuelas de la ciudad, explicando la situación y recomendándome por colocación en esa escuela de la ciudad. También él y su colega de trabajo ofrecieron su apoyo seguido para trabajar con la escuela y ayudarme en mi ajustamiento a los ambientes nuevos. Por el próximo año y medio, el equipo hizo monitoreos detrás de las escenas de mi comportamiento y progreso. Periódicamente, los miembros del equipo llegaron a la escuela como si fueran "maestros estudiantes" para observar la clase en que estuve. Sin embargo la razón verdadera que estuvieron allí era para observar a mí. En adición a eso, había reportes semanales llamados Weekly Progress

Reports que estuvieron llenados por oficiales ciertos. Comentarios escritos a mano estuvieron hechos en tres partes de esos reportes: "Problema," "Tratamiento," y "Progreso y Estatus." Ellos hicieron muy buen trabajo y deben que estar bien felicitados por sus esfuerzos de minuciosidad. Estoy agradecido que tantos servicios existieron atrás en los 1970s.

Aunque nunca lo sabía hasta que escribí y compilé este libro, mis padres también tuvieron una junta con ambos el doctor Thomas y su colega sobre mi experiencia desastrosa en la escuela elite del ejido. Mis padres estuvieron muy preocupados acerca de mí y preguntaron a los psicólogos si debieran que darme algún tipo de medicina para corregirme. Doctor Thomas les aseguró muy bien a mis padres que la escuela de la ciudad era un lugar mucho mejor para mí y que él y los otros psicólogos me estarían monitoreando detrás de las escenas. Él reconoció que mi asociación seguida con otros compañeros y haciendo nuevos amigos eventualmente normalizarían las cosas. Explicó a mis padres que él estuvo en contra del uso de drogas anti-psicóticas porque fueron sabidos exacerbar los problemas casi siempre, en lugar de resolverlos. Estoy muy agradecido al doctor Thomas. Esa fue una decisión muy importante, y un punto de volver en mi vida. Quien sabe lo que habría sucedido si no fuera por la decisión bien escogida de él.

Ahora como estuve en una nueva escuela, yo tenía una pizarra limpia. Hice la decisión consciente que nunca jamás yo recibiera nalgadas . . . ¡Nunca! Ya no pellizcaba más cuellos, ni me porté excesivamente mal, y hice algunos buenos amigos, en la manera correcta. Nunca recibí otra nalgada, ni de tabla de madera tampoco, por todo lo demás de mi carrera en la escuela. Es como yo tuviera protección de "arriba" de noviembre de 1972 adelante.

Una de mis maestras era una maestra de educación especial. Su clase estuvo puesta en un edificio de dos cuartos y aparte de lo demás de la escuela. Uno puede decir, en mi caso especial, que ella actualmente era mi maestra de planta, porque pasé la mayor parte del tiempo en las clases normales con otras dos maestras. Todas ellas eran maestras muy finas, y cuidaron por mí. Una de mis maestras normales me enseñó como leer y escribir, y tuve matemáticas con otra señora. También había clase de educación física con un señor simpático que cuidaba por sus estudiantes, y tenía una memoria fenomenal por los nombres. Corrí por todos lados allí y disfruté esa clase. Por parte del año, mi maestro de educación física tenía un maestro estudiante.

Hice algunos buenos amigos en primer grado y yo andaba muy

contento estar ¡ya afuera de esa escuela elite del ejido! Hice muy seguro que me porté bien, y con más control mismo, para que mis nuevos amigos no me rechazaran. Voy a mencionar una historia de éxito que pertenece a hacer amigos. Otra vez, escogí alguien que miré lindo, pero esta vez hice seguro que yo no pellizcara ningún cuello. Le hablé. Él respondió, y de volada nos hicimos amigos. Venía a mi casa para jugar, y yo iba a su casa varias veces también. Teníamos una buena amistad. Yo sentía un sentido de buen cumplimiento en ganar amigos. Le conocí por toda la primaria, y he hablado con él unas veces en años recién también.

(Haz de decir que 22 años después, en 1994, le hablé a mi maestra de primer grado de la escuela elite del ejido, y nos encontramos. Le recordé como me había maltratado cuando estuve en su clase. Ella no se acordó de mucho de eso, pero ella estuvo molesta con sí mismo por lo que había hecho a mí, y me pidió disculpas diciendo, "Roberto, por todas esas cosas que te hice, lo siento." Acepté su apología. Ella me preguntó, "¿Amigos?" Nos saludamos con nuestras manos. Estuvo bien haber arreglado eso mientras todavía vivos aquí en el mundo Tierra.)

Para monitorear mi comportamiento mi maestra de educación especial siempre me mandó a la clase de educación física con un medio pedazo de papel para que el maestro pudiera clasificar mi comportamiento: Excelente, Muy Bueno, Bueno, Más o Menos, o Pobre. Usualmente recibí Buenos o Muy Buenos, pero nunca recibí un Excelente. Un día, decidí esconderme en las gradas de madera en el lugar de formarme con mis compañeros. Unos minutos después, el maestro estudiante se arrimó y me halló. Pensé que era chistoso. No estuve castigado, pero al fin del periodo de esa clase, me dio una clasificación de Pobre. Mi maestra de educación especial me preguntó porque recibí una clasificación tan malo, y le dije que yo me había escondido en las gradas de madera. Mientras ella dijo que no era bueno hacer eso, me di cuenta que ella se sintió aliviada porque habría sido peor si yo hubiera peleado con mis compañeros. Después pregunté al maestro estudiante de porque nunca me había dado un Excelente, y contestó que me daría esa clasificación si yo hablaría con los otros compañeros. Entonces algún día hice seguro que me porté muy bien, y que también platiqué con mis otros compañeros. Alcancé un Excelente, ¡y sentí un gran sentido de cumplimiento!

Haz de decir que nadie sabía sobre mis voces, correcta e incorrecta, y no quise que mis maestras se dieran cuenta. Un día, mi mamá me llevó a la casa de mi maestra de educación especial. Mientras ellos platicaron y visitaron acerca de mi progreso, no dije nada. Después de una hora, salimos, y el próximo día en la escuela, mi maestra me preguntó porque no hablé ayer. No tuve ninguna respuesta. Una o dos semanas después, mi mamá visitó con mi maestra otra vez, y estuve con ellos. Todavía me quedaba callado, pero cuando salimos, decidí despedir con mi mano y dije adiós con mi voz correcta. Ella oyó la diferencia, y la primera cosa en la próxima mañana, me preguntó cual voz yo iba a usar de ahora para adelante. Contesté, "Right voice," (voz correcta) usando mi voz normal. Estuve emocionado que lo pude hacer, y corrí rápido al edificio mayor donde yo tenía una de mis clases normales.

Diciendo eso en mi voz correcta era un cumplimiento muy importante, o así pensé, porque al momento de llegar a mi clase un minuto después, ya no pude hablar con mi voz correcta. Aun todavía, yo hablaba muy poco con mis compañeros. Mi mamá se juntó con mis maestras de primer grado, y idearon un plan para animarme a hablar. Mi mamá me dio un premio de un centavo por cada palabra que hablé con mis compañeros. Al principio solo eran pocas palabras por día, y cada tarde mi mamá me llevaba al banco para conseguirme los centavos de la persona en el cajero. Por resultado, llegué a ser interesado en coleccionar monedas, y encontré muchos wheat pennies (centavos de trigo). En 1973, los centavos de trigo eran muy común. También me gustaron las monedas de medio dólar, y mientras los días pasaron, empecé a coleccionarlas. Después de un mes, yo tenía $74 de monedas de medio dólar coleccionadas.

Mientras, hablé más y más, y el "pagamiento" era bueno. Un día, dije 125 palabras, y mi maestra mandó la cantidad reportada a mi maestra de educación especial, por la cual me felicitó. Mis padres estuvieron muy contentos y me informaron que desde ese día, estuve en mi propio animés – que ya no me iban a pagar para hablar. Claro que sí, estuvieron preocupados que me callara, pero seguí hablando con mis compañeros, y disfruté conocer a ellos. Sin embargo, todavía yo usaba mi voz incorrecta.

Acerca de aprender, era muy duro para mí aprender leer, pero mi maestra de clase normal era buena para enseñar, y fue capaz de ayudar que los estudiantes aprendan – algo que mi maestra anterior de la escuela elite del ejido no podía hacer conmigo. Durante las sesiones de lectura yo miraba afuera muchas veces, y ella estuvo preocupada que no estuve agarrando los conceptos. Pues, ella pronto recibió su respuesta porque gracias a ella, aprendí leer para el fin del año. Sin embargo, estuve más bajo en todo el grupo.

Ahora pues, las matemáticas eran una historia diferente. Era muy fácil haciendo adición y substracción, contando cuantos objetos había, más otros problemas sencillos. Los números nunca fueron arriba de 99. ¡Me molestó que los escritores de los libros de matemáticas pensaron que los estudiantes de primer grado no fueron capaz de comprender números de tres dígitos! Pues un día pasé una parte de la tarde durante mi tiempo libre en la clase, y contesté todo lo demás del libro de matemáticas. ¡Ahí está! ¡Ya se acabó el fastidioso aburrido! Estuve muy contento que lo hice, y mi maestra de educación especial estuvo muy impresionada, seguido con mis maestras normales, y mis padres también. Con eso probé mi inteligencia, y cuando el fin del año de escuela llegó, me pasaron tranquilo al segundo grado aunque estuve despacio en leer.

A mí, el primer grado pareció como si fuera más que un año, desde asistí a dos escuelas diferentes. Estoy agradecido a mis padres por sacarme de esa escuela elite del ejido, por ponerme en la escuela de la ciudad, y por animarme a hablar. Muchos estudiantes tuvieron padres que no pudieron haber cuidado por lo menos. Jamás nunca vinieron a la escuela, mucho menos conocieron a las maestras de sus hijos. Mi mamá siempre se metió para conocer a todas mis maestras. Ella había sido una maestra antes de casarse, y lo vio como importante para conocer a la gente que dieron clases a sus hijos.

Robert Sanders mirando al mundo, 1972

Segundo Grado, Exámenes de Prueba

En el segundo grado yo tenía una maestra que era muy estricta y mucho menos disfrutado que mis maestras de primer grado en la escuela de la ciudad. No avancé en mis habilidades sociales todo ese año. Yo hablaba muy poco en segundo grado, porque la maestra mandaba cualquier persona a la esquina del cuarto o al vestuario. Para mí eso era contra productivo porque yo necesitaba hablar más. Me acuerdo un día cuando fuimos a la cafetería, un compañero me dijo, "Diga algo, Roberto." Muchas veces cuando levanté mi mano para preguntar algo de la maestra, ella tronó gritando, "¡Baja tu mano, Roberto!" A veces me arrimé a su escritorio para preguntarle algo, y casi siempre me gritó, "¡Siéntate!" en una manera ruda. Ella era demasiado estricta, muy de moda pasada en sus maneras, y casi siempre le faltaba compasión. Varias veces durante del año, nos insultó, diciendo que éramos la clase peor de todas que había tenido. En esos días yo le creía porque interpreté las cosas literalmente. Algunas maestras subsecuentes nos dijeron la misma cosa, y años después empecé a realizar que no era cierto, no más que era un comentario insultoso para humillarnos. Lo siento que no pude cultivar ninguna amistad en esa clase, ¡por culpa de la maestra siendo demasiado estricta!

Voy a contar un incidente cuando, "¡Baja tu mano, Roberto!" no le convenía a la maestra. Una mañana, una tarjeta extra de almuerzo llegó en las manos de mi maestra, y ella lió el nombre que traía: Donald Chanford, preguntando a nosotros si le conociéramos. Yo le conocí. Estuvo allí en el edificio afuera en la clase de educación especial. Entonces subí mi mano, y la maestra gritó, "¡Baja tu mano, Roberto!" Ella mandó otro estudiante a la clase próxima de nosotros donde había otro Donald. Claro que supe que no era el mismo Donald que la tarjeta de almuerzo decía, y supe que pronto ella iba a darse cuenta, ¡pero entonces ella no me dejó hablar! ¿Verdad? Tardó más que media hora de buscar, hasta finalmente se dio cuenta quien era ese Donald.

Una mañana, la directora dio sus anuncios por la bocina altavoz, y ella dio unas instrucciones que no entendí bien. Entonces, le pregunté a mi maestra porque la directora dijo lo que dijo, para que yo pudiera recibir una explicación mejor. Mi maestra me lo explicó, pero después cuando había las conferences con los padres, ¡mis padres me dijeron que ella dijo que yo había cuestionado autoridad! Eso nunca había cruzado mi mente. Tal vez por eso tanta gente no se defienden contra autoridad cuando son adultos, porque aprenden en la escuela que *no* deben que cuestionar autoridad. Pienso que cuestionando autoridad es una *buena* cosa. Después de todo, hay el dicho: "Gobierno; para la gente, por la gente."

Por la última hora cada día de clase, me iba a la clase en el edificio separado con mi maestra de educación especial, como una manera de seguir el monitoreo de mi comportamiento. A lo menos eso fue algo aliviante para mí, ¡para estar afuera de ese ambiente estricto! Lo bueno es que tercer grado iba a ser mucho mejor.

Quiero comentar acerca de la práctica regular de como mi maestra de segundo grado gritó, "¡Baja tu mano, Roberto!" Cuando llegué a la escuela de la ciudad el año anterior, mi maestra de educación especial me enseñó que si necesito decir algo, para levantar mi mano. Mi maestra de primer grado en la escuela elite del ejido nunca me había enseñado eso. A veces averigüé si mi maestra de segundo grado ni siquiera sabía porque estuve levantando mi mano cada rato. Claro que ella tenía conocimiento de que yo había sido un niño problemático en primer grado. Puede ser que ella pensó menos en mí que pensó en los otros estudiantes. Después de todo, ella mandó ese otro estudiante a la clase próxima de nosotros para buscar a Donald. Hay que observer que ella no quiso contestarme cuando levanté mi mano en esfuerzos para contestar su pregunta a todos nosotros de, ¿Quién era ese Donald? Tal vez ella me vio como incompetente, y por eso yo no valía tanto como los otros estudiantes, en la vista de ella. Pensé en gritarle la respuesta como quiera, ¡pero entonces me habría castigado por mandarme al vestuario!

Me acuerdo una vez cuando mi maestra de segundo grado era compasionante. Había un incidente durante la clase educación física cuando uno de mis compañeros quebró uno de sus dientes permanentes enfrente mientras jugando. Después en la clase, nuestra maestra habló con nosotros por algunos diez minutos, sintiendo que él había quebrado su diente y que nadie había podido encontrar el pedazo del diente en el piso del gimnasio. Aunque las dentistas podrían pegar algo al diente en esfuerzos para restaurarlo, nunca sería lo mismo como antes.

Había algunos pocos de nosotros que teníamos defectos con la pronunciación, y teníamos clases para corregir eso cada semana en una van Ford Econoline que una señora llevaba a las cinco escuelas de la ciudad. Yo tenía problemas pronunciando el "s" y "th" sonidos, los cuales corregí sin problema.

Mi lectura se mejoró mucho en segundo grado, y subí del lugar más bajo al lugar más arriba en mi grupo. Donde hice muy bien, sin embargo, era en las matemáticas. Me acuerdo cuando los exámenes de prueba estuvieron administrados a nosotros, contesté varios problemas de multiplicación que fueron problemas *extras* que no fueron esperados de los estudiantes de segundo grado. Mientras tomando el examen, resolví una manera de engañar el problema de multiplicación. En el lugar de hacer procedimiento normal de multiplicación, resolví el problema usando adición larga. Por ejemplo, si un número de 3 dígitos estuviera multiplicado por 4, escribí el número de 3 dígitos 4 veces usando adición larga. Cuando el tiempo se acabó, mi maestra vio que yo había contestado esos problemas extras, y se quedó averiguando como los hice, mirando incrédula a mis contestas. Ella dijo a otra maestra que por casualidad estuvo al par de ella, "Pero mira a éstos. Los *contestó*." Ella se quedó muy impresionada. Sin necesidad decir, mi rango de porcentaje era muy alto en la sección matemática de ese examen de prueba. Tome en cuenta que en esos días, en el estado donde yo vivía, todavía nadie estuvo llenando círculos en el papel de contestas. Cada quien contestaba las preguntas manualmente con lápiz. En nuestra región, las computadoras todavía no estuvieron ocupadas para calificar los exámenes de prueba de los estudiantes, hasta el próximo año, 1975.

Yo hacía dibujos durante mis años del kinder y escuela primaria. Aquí está uno de mis mejores dibujos que hice cuando estuve en el segundo grado. Se llama: "Abraham Lincoln en Esquís."

dibujo de Robert Sanders llamado, "Abraham Lincoln en Esquís"

Tercer Grado

El próximo año era un año mucho mejor para mí. Yo tenía una maestra maravillosa y joven, y ella realmente supo como comunicar con sus estudiantes. Mis padres ya habían oído buenas noticias sobre ella, y les gustó mucho que yo había sido puesto en su clase. Acerca de desarrollo social subí bastante para arriba ese año. Sentí mucho más bienvenido en esa clase que el año pasado que tiré mi voz incorrecta. Me sentí más relajado. Ahora pude cultivar amistades otra vez, e hice más amigos. Más, platiqué normalmente con mis compañeros; mejor dicho, con mi voz *correcta*. Algunos amigos vinieron a mi casa para jugar, y fui a sus casas también. Salí muy bien en la lectura y las matemáticas, y mi desarrollo social normalizó al punto que el equipo de psicólogos dejaron de monitorear mi comportamiento, y reconocieron que pertenecí a la clase regular como todos.

Mi maestra de tercer grado nos enseñó un tópico muy importante llamado *Comunicación*. Tengo una foto de ella sentado en su escritorio, y próximo del escritorio había un cartel con tópicos de comunicación ahí puesto. Ella nos llevó a varias excursiones, uno para ver la central de teléfonos, la cual en esos días operaba con barras de cruceros y así quedaría por otros diez años hasta 1985. Era un lugar tremendo con muchos interruptores y relais electromecánicos. También fuimos a WSM TV y vimos el estudio de la televisión donde salimos en el programa llamado *Noon Show de Teddy Bart*. Sinceramente le aprecio a mi maestra por habernos llevado en excursiones tan interesantes y originales, algo que la mayoría de mis maestras no hicieron.

Me siento muy afortunado haber tenido una mujer tan extraordinaria como mi maestra de tercer grado, y ella era una de mis maestras favoritas por toda mi carrera de escuela. Ella era muy eficiente, y nos motivó terminar nuestras tareas en tiempo, para que tuviéramos tiempo libre. Nos dictó varios libros como: *Eddie and Gardenia*, y *Charlotte's Web*. (La Tela de la Araña Charlotte) Ella nos tocó discos y nos mostró películas, incluyendo premios de películas de caricaturas. Algunos días tuvimos muestras cuando trajimos cosas para mostrar a nuestros compañeros, y me acuerdo un día cuando mi mamá trajo mi perro para que lo mostrara a mi clase.

Mi maestra de tercer grado era muy considerante y nunca nos humilló a nosotros. Nunca nos insultó con ese dicho que "éramos la clase peor de todas que había tenido." Si necesitaba regañar un estudiante, le llevó afuera de la clase y le habló en el pasillo, para no darle vergüenza enfrente de sus compañeros. Estoy agradecido a ella por ayudarme en traerme afuera de mi mundo y ponerme más dentro del mundo de los otros.

Robert Sanders y amigos yendo a una excursión por autobús en el tercer grado, 1975

Cuarto Grado, Problemas en Escuchar

Después de tener una maestra maravillosa por tercer grado, entré el cuarto grado. Mi nueva maestra era alta, a 180 centímetros. Era una señora de tipo temperamental y *no* era una de mis maestras mejores. Ella pensó que yo tenía problemas en escuchar. Un día recuerdo cuando ella me habló para arrimarme a su escritorio, donde calladamente me lecturó, diciendo que si yo no pudiera mejorar mis habilidades de escuchar, ¡que yo estaría castigado! También rudamente dijo otro comentario con coraje y su voz temblando, "¡Ohhh . . . a veces me siento como agitarte!" ¡Eso me hizo bastante enojar, y cuando regresé a mi casa esa tarde, les conté a mis padres lo que mi maestra quería hacer a mí! Mis padres se apuraron y tuvieron una discusión seria con ella, resultando en otra lectura de ella, ¡esta vez en privado en la librería chiquilla de la oficina mayor! Le dije que me tardaría como un mes para hacerme perfecto, y ella entonces me dijo, "No *quiero* que seas perfecto." ¿Cómo no, señora? ¡Sí, quería! Después de todo, ella era una perfeccionista, y si no hubiera querido que yo fuera perfecto, ¡no se habría molestado a regañarme como hizo! La raíz del problema es que ella daba las instrucciones, y de volada empecé la tarea. Mientras estuve trabajando en esa, ella tenía un mal hábito de decir, "Oh, sabes que, hazlo esta manera, etc . . ." Ya estuve bien metido en la tarea, concentrando en eso, y no estuve poniendo atención a ninguna otra cosa.

El mismo día que mi maestra me había amenazado que me agitara, hacía una hora que yo había acabado regalarle una planta recién nacida en una maceta que traje de mi casa, ¡y como quiera ella tenía la afrentosidad de decirme como le gustaría agitarme! Pues la primera oportunidad que yo tenía, fui a su escritorio y quité la planta de allí. ¡La recogí! Ella pronto descubrió que ya no estaba, y nunca realizándose porque la recogí, me echó la culpa de dar como indio. Ella me dijo que yo se la regresara. No le hice caso. Espero que a ella se encendió la bujía que la recogí para que se diera cuenta del mensaje que no aprobé de estar agitado, ¡ni siquiera que las maestras lo contemplen!

Una mañana nuestra maestra estuvo batallando enseñarnos una lección de gramática, porque no estuvimos entendiendo la lección. ¡Ella se puso extremamente impaciente y no perdonablemente frustrada con nosotros, y ella contó a diez recio para evitar perder su control! Como quiera ella estuvo echando una rabieta, y espantó a todos nosotros. Cuando miro atrás al incidente, debo que haber salido inmediatamente de la clase y haber ido a la oficina de la directora, ¡y luego haber pedido que mandara la mujer a su casa por el día! Claro que como yo tenía diez años, eso no me ocurrió. Más, los niños tienen temor a hacer eso. ¡Las personas temperamentales y con problemas de emociones no deben ser maestras!

Por no haber alcanzado cumplir las cosas bien para ella esa mañana, ella nos castigó por no dejarnos comer almuerzo en la cafetería ese día. Ella nos hizo almorzar en la clase, comiendo con una mano y escribiendo con la otra. Primero almorcé, y *entonces después* escribí. ¡En ninguna manera hice las dos cosas simultáneamente! No le hace lo que ella nos dijo. ¡Cuando almuerzo, mi trabajo siempre está puesto a un lado! ¡Así es!

Aunque ella nunca castigó a nadie con la tabla de madera, nos amenazó diciendo cosas como, "¡Si no haces bla bla bla, te voy a pegar con la tabla tan duro que no vas a poder sentarte por una semana!" ¡Que horrible cosa para decir, especialmente a un niño! Maestras deben que estar enseñado en sus programas de entrenamiento de universidad que *nunca* deben que decir cosas como esa a sus estudiantes, ¡ni siquiera pensarlo!

Al despecho de que ella no era la mejor maestra, se portó bien con nosotros, a veces. Gané algunos más amigos, y algunos de ellos vinieron conmigo al rancho para jugar. Había algunos momentos buenos ese año en la escuela. Tomamos algunas excursiones, e hicimos muchos actividades pertenecientes a 1776 y el Bicentenio. Un día fuimos a una casa de un estudiante que vivía cerca de la escuela. Su mamá era muy buenas amigas con la maestra. Todo el día era del estilo colonial, e hicimos artesanías, cortamos cosas de papel de construcción, y cocinamos comida como lo hicieron 200 años atrás. Aprendí mucho sobre el Bicentenio y los días coloniales de América.

En el fin del año escolar, tuvimos un día en mi casa en el rancho. Disfruté que todos mis compañeros vinieron. Jugamos alrededor del solar, y columpiamos de los mecates los cuales yo había colgado de un árbol. Jugamos en una casita arriba en un árbol también, y fuimos a jugar en la bodega y arriba de las pacas. También fuimos allí en el bosque. Todo fue bien ese día, y era un día bueno para todos nosotros.

Robert Sanders y su amigo Jody jugando en el arroyo, abril de 1977

Quinto Grado

Mi maestra de cuarto grado hizo una cosa el próximo año que más o menos compensó por el malo que había hecho. Ella llegó al momento correcto, y ahí mismo en el pasillo ella habló con mi maestro de quinto grado, y le convenció no castigar con la tabla a varios de nosotros por una cosita de tirar cacahuates en la cafetería. Ella sugirió que él haga que sus estudiantes escribieran cartas para llevar a sus padres – un buen consejo. Aunque él había castigado con la tabla regularmente y era una persona que nunca supo como pedir disculpas, por milagro tomó su consejo. Era el más cerca muy apenas a casi estar castigado con la tabla, pero gracias a ella, estuve salvado. Preservé mi record perfecto de nunca estar nalgueado por toda mi carrera de escuela.

Para explicar al lector porque dije que mi maestro de quinto grado era un hombre que nunca supo como pedir disculpas, había un incidente una tarde después de escuela, cuando yo estaba en cuarto grado. Mientras estuve caminando en el pasillo para salir de la escuela al carro de mi mamá, un muchacho patrulla me estuvo diciendo cosas en una manera ruda y me estuvo mandando. Entonces le dije una cosa para ponerle en su lugar. Mi maestro futuro de quinto grado por casualidad estuvo caminando en el pasillo y oyó el pleito de nosotros. En el lugar de hacer la cosa correcta, que habría sido regañar al muchacho, y eso es lo que debe que haber hecho, inmediatamente gritó a mí, "¡Hey! ¡Cállate! ¡Vete!" Eso me hizo enojar y me dolieron mis sentidos. En angustia y frustración, salí de la escuela corriendo, llegando al estacionamiento donde entré en el carro de mi mamá y empecé a llorar. Le dije lo que había ocurrido.

Esa noche, mis padres llamaron por teléfono a mi maestra de educación especial, y le dijeron que anduve bien enojado. El próximo día ella vino a mi clase de cuarto grado y me sacó por un momento. Fuimos caminando por el pasillo a la clase de mi maestro de quinto grado donde le sacó de su clase también. Allí en el pasillo, tuvimos una discusión por algunos diez minutos sobre el incidente, y le dije que me pidiera disculpas. Él explicó que yo fui quien estuve equivocado, por haberle puesto en su lugar ese muchacho de patrulla, y por eso no vio ninguna necesidad de pedirme disculpas. Aunque mi maestra de educación especial estuvo por medio, y aunque reiteré que el muchacho patrulla había sido rudo y mandón, el maestro nunca me pidió disculpas. Entonces terminamos la discusión, y regresé a mi clase.

En toda manera, mi maestro de quinto grado debe que haber tenido un poco de compasión para tratar de hacerme sentir mejor, digo yo, *pedirme disculpas*. Más, ellos deben que haberme traído ese muchacho patrulla para pedirme disculpas también. ¡Al contrario, estuve dejado sintiendo frustrado y en ninguna manera satisfecho!

En general, por los que me *piden* disculpas, es mucho más *fácil* que yo les perdone.

Aunque tuve ese problema con mi maestro de quinto grado cuando estuve en cuarto grado, como quiera él llegó a ser mi maestro de quinto grado, y por la mayor parte, el año fue bien. Aunque nunca me pidió disculpas, pienso que aprendió una cosa ese día, porque nunca volvió a maltratarme así otra vez. Aprendimos historia de Tennessee con él, y yo fui uno de los pocos de los estudiantes que recibieron un + (lo mismo como un A) en ese sujeto.

Voy a terminar este tópico con un mensaje importante a los maestros(as) y maestros(as) en entrenamiento. Si yo fuera un maestro(a), yo no querría ser acordado por mis estudiantes, un cuarto siglo después, como una persona que no sabía como pedir disculpas. Yo no querría tener ese tipo de reputación en las mentes de mis estudiantes. Maestros(as) necesitan realizar que algunos de sus estudiantes son muy sensitivos. Necesitan hacerse humildes para que *puedan* pedir disculpas a sus estudiantes después de haber sido rudo con ellos. Después de todo, estudiantes tienen sentidos, y ellos y sus sentidos cuentan también.

Sexto Grado

Mi último año en la escuela de la ciudad era sexto grado. Mi maestra era una mujer extraordinaria, y ella cuidó por sus estudiantes. Era justa, y diligentemente nos preparó para séptimo grado. En la escuela de la ciudad, nunca estuvimos calificados con el sistema de las letras. Calificando con las letras era estándar por grados 7 por 12. Entonces con eso tomado en cuenta y con su buena voluntad de prepararnos mejor, ella tenía su propio sistema de calificación de letras que fueron al par del sistema que la escuela usaba, el método de más/checa/punto. Fue entonces que aprendí lo que quiso decir calificaciones de letras, y estoy agradecido a ella por habernos preparado.

La escuela elite del ejido donde empecé primer grado, siempre llevaron *sus* estudiantes de sexto grado a una excursión a Huntsville, Alabama para ver el centro de cohetes y espacio. Ninguna de las cinco escuelas de la ciudad hicieron la excursión a Huntsville. Pues mi maestra de sexto grado tomó la decisión de cambiar eso, y arregló una junta con las otras tres maestras de sexto grado, y luego fueron al director y le convencieron a aprobar el viaje. Me acuerdo cuando ella regresó a nuestra clase media hora después y nos dijo con una sonrisa de triunfo, "¡Lo conseguimos!"

Unas semanas después, todos nosotros tomamos un autobús de Trailways a Huntsville. ¡Que interesante era el viaje! Allí vi el Space Shuttle Columbia, y eso fue en los días antes de estuvo puesto en uso. Vimos muchas otras cosas y unos cohetes grandes también.

En abril de ese año, tomamos un viaje maravilloso a un lugar en el estado de Kentucky que se llama Land Between the Lakes (tierra entre los lagos). Todos los estudiantes de sexto grado fueron allí por una semana como parte del currículo de la escuela. Tomamos caminatas y vimos muchos lugares diferentes cada día. La semana nos fue muy bien, y disfruté las caminatas en las veredas. Desde nos quedamos en casitas cerca de la orilla del lago, fui a coleccionar cien fósiles de Vástago de Crinoid allí en la orilla.

Todo en todo, aprendí mucho en sexto grado. Estudiamos varios sujetos diferentes. También llegué a ser más bien aceptado por mis compañeros de clase y gané más amigos. Más, me apreciaron por mi inteligencia.

Al fin del año escolar, mi maestra nos llevó a mi casa y disfrutamos un día en el rancho, muy similar a lo que habíamos hecho atrás en cuarto grado.

Antes de avanzar al próximo tópico, quiero expresar mi apreciación a algunas de las maestras de la escuela de la ciudad por estimularme a ser un escritor y por su apoyo. Yo había escrito algunas historietas en quinto grado, y una de las maestras simpáticamente sacó copias de mi manuscrito con su máquina de ditto y mandamos las copias a varios publicadores. Aunque mis historietas nunca estuvieron publicadas, el estímulo de esas maestras encendió mi interés en llegar a ser un escritor.

Idiosincrasias de Niñez

Yo tenía algunos idiosincrasias de niñez. Uno de ellos ya dicho era que yo no hablaba durante mi primer año del kinder, y entonces después solo en mi voz incorrecta hasta tercer grado. Otra idiosincrasia era mi sensitividad a estar tocado por otros. No me gustó estar tocado desde no se sintió a gusto a mí. Éste es un rasgo común entre autísticos y algunos niños con Asperger's. Hasta que yo tenía diez años yo ni siquiera saludaba a la gente con mi mano, y después entonces solo cuando mis padres me hicieron saludar. Abrazando y besando son cosas que hice aun menos.

Bueno había algunos pocos amigos de niñez a quienes di excepciones acerca de no estar tocado, y jugábamos como niños normales. Para el tiempo cuando yo era un adolescente, había más y más amigos a quienes concedí excepción, sin decir a ellos. Por la mayor parte, salí de esa idiosincrasia. Sin embargo, aun hoy si una persona que no me cae bien me toca, todavía lo sacudo con mi mano ya después.

Entre las edades de cinco y ocho años, yo no podía entender algunas situaciones ciertas, y me faltaba la capacidad de entender algunas habilidades sociales. Yo era muy sencillo, sincero, y literal, y no pude ni siquiera entender los dichos figurativos. Poco a poco, aprendí lo que quisieron decir muchos de esos tipos de dichos, más muchos conceptos abstractos.

Como un ejemplo de mi problema con algunos dichos, cuando yo tenía siete años, yo estuve en una tienda con mi mamá, y ella estuvo platicando con una amiga sobre un muchacho que tenía un accidente. Se había caído por un silo y milagrosamente solo estuvo poquito dañado. Cayendo esa distancia usualmente causa la muerte o puede resultar en daños serios. Pues mi mamá le dijo a su amiga que el muchacho había tenido un "close call." (Close call no traduce bien a español como un dicho, pero para ustedes lectores, quiere decir que casi le pasó un accidente grave que le pudiera haber matado.) Yo pensaba, *Close call . . . ¿que es eso?* Yo no tenía ninguna idea porque mi mamá refirió a ese accidente con los términos "close call" aunque era un dicho común que después me daría cuenta. Literalmente "close call" quiere decir una llamada telefónica cerca, y lo que cruzó mi mente fue que una llamada telefónica había ocurrido ya mero en el silo, y yo no podía entender la cosa. Pues, tal vez la bodega tenía un teléfono, hasta donde yo sabía. El sobre dicho ejemplo apunta como yo era muy literal en mi niñez, y como difícil era para entender dichos que no se toman literalmente. No soy tan sencillo como yo era, pero todavía tengo una tendencia para tomar lo que una persona dice literalmente cuando me dice algo.

Por ejemplo, suponemos que un "amigo" no quiere que te arrimes para visitar, pero es demasiado cortés para decirte la verdad. Tú le preguntas si está bien seguir viniendo para visitar y platicar, y por él querer ser de cortés, te dice que "sí." Esa es una cosa que tomo literalmente, pero la verdad de la situación es que la persona no quiere que yo venga, no más que no puede hacerse decirme la verdad. Yo veo la respuesta de esa persona de "sí" como una mentira, pero otros, como he aprendido durante los años, pudieran considerar la persona a ser indeciso, o no directo. Entonces, derivado de *sus* puntos de vista, la persona actualmente no está mintiendo, aunque actualmente no está diciendo la verdad.

A veces en mi niñez, yo tenía algunas compulsiones nerviosas, por ejemplo mirando para arriba cada rato o a un lado, o a veces un número cierto de veces antes de hacer algo. Era un sentido apretado y un urge impulso que me molestaba bastante, y era algo que quise quitar. Algunas de esas compulsiones me ocurrieron debido a sentidos de competición con otros, a veces el celo, y a veces ansiedad general. No he tenido compulsiones nerviosas desde mi niñez.

Otra idiosincrasia mía es que yo usaba la misma silla de madera de color blanco que yo usaba cuando yo era un niño pequeño, hasta que yo tenía doce años, en cual tiempo físicamente ya no la podía ocupar. Es que yo estaba acostumbrado a esa silla, y no quise cambiarme a una silla diferente ni nueva. Claro que cuando crecí más grande, tuve que cambiar. Pues, no vayan a mal interpretar como yo usaba esa silla. Después de yo tenía tres o cuatro años, la bandeja que estuvo pegado por el frente de la silla estuvo quitado, y después yo usaba la silla en una manera más normal, casi como una silla alta que se usa en los bares o bancos de almorzar.

Otras cosas que tuve que aprender durante mi niñez eran como decir "Hola" y "Adios" y "Nos vemos" a la gente. También tuve que estar enseñado como contestar el teléfono. Esas cosas no eran naturales para mí. Eran respuestas aprendidas. Tal vez teniendo que estar enseñado esas cortesías es normal para todos, pero he observado aun niños de cuatro o cinco años que parecen que han estado nacido con esa sabiduría y ya son naturales con esas cortesías.

Yo tenía otras idiosincrasias, perteneciendo a la ropa. Por ejemplo, no me gustaban las cintas y nunca los puse en mis pantalones. Odio a las corbatas y rechazo usarlas aun a este día. Pienso que la sociedad es realmente absurdo en como la gente son muy fijados y muy particulares, ¡y como algunos lugares de negocio, y aun algunos restaurantes las requieren! ¿Qué tiene que ver si alguien vive su vida sin ponerse corbata y sin la cinta? Estoy muy bien sin esas dos cosas. En verdad no tienen uso, especialmente la corbata. ¡Me molesta bastante como mucha gente se ponen corbatas regularmente!

Cuando yo estaba en el kinder, me ponía pantalones de marca Farah, y esos pantalones siempre tenían elástico en la cintura, no cintas. Para el segundo grado, ya estuvieron saliendo de la moda y ya era raro para encontrarlos. Resistí el cambio. Mi mamá busco y por casualidad encontró dos pares más de pantalones de Farah un poco más grande, y gracias a eso, me suplicaron hasta el fin del tercer grado. Claro que mientras seguí creciendo, tuve que cambiar y adaptar por como los pantalones Farah se pusieron obsoletas. Avancé a los pantalones Levis con una cremallera, pero todavía rechacé la cinta, y hasta este día, pongo mis pantalones sin cinta. La única cinta que uso es el cinturón de seguridad cuando estoy manejando mi carro o camioneta o cuando soy un pasajero en un vehículo.

Sentidos, Evaluación Psiquiátrica

Aunque hice bastante mejoramientos en el área social durante mis años de escuela primaria, y aunque los del equipo psicológico reconocieron que ya pertenecí a la clase regular, todavía yo tenía algunos problemas sociales debido a síndrome de Asperger's. Mis padres estuvieron preocupados por mí, y fueron a conseguir el ayudo de un psiquiatra en Nashville llamado el doctor Caruthers. Una doctora Lavine administró un examen diagnóstico psiquiátrico teniendo muchas preguntas que contesté muy bien – con excepción de sentidos – los cuales no comprendí bien. Bueno yo tenía sentidos, pero yo no sabía lo que decir en términos de hablar sobre éstos. Eran muy complejos para mí en esos días. Haz de decir una cosa. ¿Cómo pueden esperar que un niño de diez años entendiera muy bien los sentidos? Eso viene después con madurez y llegando a ser un adulto.

En el mismo día, la doctora Lavine me evaluó, y también tuve una junta con el doctor Caruthers, el psiquiatra. A mí me cayó como un buen hombre que mostró compasión y simpatía. Pude relatar a él las cosas, y me cayó bien hasta que le invité a venir a mi casa para visitar conmigo y con mis padres en el rancho, y para ver el bosque. Se sintió honrado por mi invitación y se dio cuenta que le tuve confianza.

Mientras nunca fui diagnosticado formalmente con autismo ni síndrome de Asperger's, como quiera fui diagnosticado con problemas psicológicos que, de acuerdo con la doctora Lavine, necesitaban atención serio *inmediatamente*. Mi diagnóstico en ese momento (en los días antes de había conocimiento de síndrome de Asperger's) era "reacción ajustamiento a niñez" y después, "reacción ajustamiento a adolescencia." El diagnosis original fue hecho en 1976 cuando yo estaba en cuarto grado. Como ves, mi estado psicológico fue señalado de acuerdo con la terminología de ese tiempo.

Fue hasta diciembre de 1993 que una revista llamado *The New Yorker* imprimió un artículo por Oliver Sacks, "An Anthropologist on Mars" (Un Antropológico en Marte), una historia profunda acerca de las luchas y cumplimientos de una señora famosa llamado Temple Grandin con el tipo alto funcionando de autismo. El próximo año, Oliver Sacks publicó su libro con el mismo título, lo cual ayudó a concentrar atención en los descubiertos y trabajos del doctor Hans Asperger, un médico austriaco en los 1940s. Por 50 años antes de los 1990s, el trabajo del doctor Asperger solo era conocido en Europa. Era hasta 1991 que las descripciones y trabajos de Hans Asperger estuvieron traducidos a inglés. Finalmente y por la primera vez en 1994, "síndrome de Asperger's" fue incluído en el libro *The Diagnostic and Statistical Manual of Mental Disorders, Fourth Edition (DSM-IV)* (El Manual Diagnóstico y Estadístico de Desordenes Mentales, Cuarta Edición (DSM-IV)), como un categórico diagnóstico oficial por la Asociación Psiquiátrico de América. Eso ayudó a ampliar la vista de autismo, y también el alcance de diagnosis.

Como un aparte, haz de decir que el doctor Leo Kanner de Baltimore, Maryland había "descubierto" autismo solo un año antes de Hans Asperger había hablado sobre el síndrome llamado por su nombre. Aun todavía, reconocimiento de síndrome de Asperger's, como un señal diagnóstico aceptable, no llegaría al público por muchos años – hasta después de los trabajos de Hans Asperger estuvieron traducidos a inglés. Si la terminología hubiera existido en los 1970s, cuando yo era un niño, es probable que yo habría sido diagnosticado como un alto funcionando autístico, lo cual quiere decir síndrome de Asperger's.

Una semana después, cuando los resultados del examen estuvieron listos, tuve otra junta con el doctor Caruthers. Me acuerdo que él comentó que mientras hice muy bien en el examen que la doctora Lavine había administrado, la sección de sentidos era deficiente y necesitaba atención de volada. Yo tenía un sobre medida vocabulario y el único área verbal débil era en comprensión social, y en mi habilidad a planear e interpretar situaciones sociales. Me sentía mejor y más en paz cuando estuve en el bosque y subido arriba en un árbol alto que yo sentía asociando con algunas gentes (los con quien me sentí mal a gusto, y con los que me humillaron). Yo había dicho a la doctora Lavine, "No hago mucho con los sentidos," y "No pienso mucho en los sentidos." Aunque tuve amigos, los doctores determinaron que mis temores de dolor envuelto en amistades, y también mis sentidos de incapacidad en situaciones sociales, fueron lo que me hicieron ponerme solo. Pues parcialmente era la verdad, pero algo de eso también tenía que ver con viviendo y estando criado en un rancho. En toda manera, la verdad es que de veras tuve amigos que vinieron a jugar, y también jugué y socialicé con otros en la escuela.

Voy a admitir que la doctora Lavine tenía razón sobre mis temores de dolor envuelto en amistades. No quise mis sentidos dolidos ni quise estar rechazado. Yo tenía sentidos – eso es cierto. Es que mis sentidos fueron personales y privados, y no quise compartir mis sentidos con otros.

Ellos concentraron en las incapacidades de sentidos, ¡y el doctor Caruthers y mis padres decidieron que sería mejor si yo fuera a consultas semanales con un psiquiatra! Mientras era cierto que yo era deficiente en el área de sentidos, pensé que el sector psiquiátrico se exageró mucho. Haz de cuenta que estuvieron haciendo una montaña de una loma. Consultas mensuales habrían sido bastante. Por como resultó, el doctor Caruthers estuvo en proceso de salir a trabajar en Colorado, entonces me asignaron con un psiquiatra nuevo, el doctor Jezzini del país de Líbano.

¡Resentí las consultas semanales, y estuve enojado a mis padres por eso! ¡Consultas mensuales, repito, habrían sido bastante! Tuvimos que ir toda la distancia a Nashville, algunos 40 millas lejos. Yo quería estar en el rancho jugando en el bosque, paseándome en la bicicleta, o jugando con mis amigos en el lugar de perdiendo una tarde completa cada semana después de escuela con una consulta psiquiátrica no productiva y no ayudable. Yo no sabía lo que decir al psiquiatra, y su comentario favorito era, "¿Qué es lo que *tú* piensas?" En toda manera, nunca platicamos sobre los sentidos. Yo platicaba con él acerca de lo que hice en mi rancho, lo que hice en el bosque, donde me paseé en la bicicleta y quien jugó conmigo. Como quiera el doctor Jezzini era un buen hombre, calmado, y suave, y aprecio que nunca me presionó ni me esforzó con las cosas.

Había una cosa de que no me había dado cuenta hasta recién, y eso fue que los resultados y recomendaciones del examen que la doctora Lavine me había administrado había dicho: "Este niño rápidamente necesita estar envuelto en una programa de tratamiento intensivo, incluyendo psicoterapia y posiblemente una programa residencial de milieu terapéutico." *Milieu* quiere decir ambiente o las cosas alrededor, ¡y en ese caso habría querido decir un ambiente de hospital rodeado por programas de tratamiento inundantes y terapistas también! ¡Hasta donde yo sabía, eso puede haber envuelto terapia electroshock, más una carrilla de inyecciones y sedativos más probable incluyendo Thorazine (cloropromazina)! Esos tratamientos fueron usados frecuentemente atrás en los 1970s. De acuerdo con los resultados de la doctora Lavine – y sin darme cuenta (mejor dicho, atrás de mi espalda), ¡el doctor Caruthers fuertemente sugirió a mis padres que tantos pasos dramáticos estuvieran hechos! Eso habría envuelto sacándome de la escuela, separándome de mi rutina, e instucionalizándome por semanas o aun meses. Más habría sido una cosa de gran vergüenza para mí ya al momento de regresar a la escuela, cuando yo habría tenido que explicar a mis compañeros porque desaparecí por tanto tiempo.

Cuando empecé a escribir este libro, mis padres tomaron la decisión de informarme de los sobre dichas posibilidades espantosas. Ellos me han asegurado – pues me han dicho – que la terapia electroshock, inyecciones, y sedativos no habrían sido administrados. No era una práctica común en Nashville, aunque muchos otros hospitales por toda la nación dependían en esas maltratamientos. Además, ese tipo de terapia no estuvo administrado a los niños. Estuvo usado más frecuente con los adultos. Lo que habrían hecho conmigo es hablar conmigo y haberme esforzado expresarme más y compartir mis sentidos.

Me dijeron que el doctor Caruthers había recomendado una programa residencial de terapia, desde estuvo preocupado por mí, porque cuando entro en mi adolescencia, yo tendría más hormonas andando en mi cuerpo, y por eso yo echaría muchas rabietas. ¡Con esa lata de lombrices abierta, ahora estoy agradecido con mis padres que ellos le dijeron que NO a ese tipo de tratamiento!

La verdad es, nunca fui violento. Ni siquiera cruzó mi mente llegar a ser así. ¿Por qué esos psiquiatras se preocuparon tanto por mí? Aunque nunca estuve puesto bajo el tratamiento que ellos recomendaron, todavía nunca llegué a ser violento, lo cual prueba que mis padres hicieron la decisión correcta, y que nunca necesité tanta terapia dramática.

Mis padres, especialmente mi papá, eran gentes que se preocuparon mucho, y mientras en un sentido puedo apreciar su preocupación, lo hicieron una obsesión. A veces estando sobre preocupado y estando obsesivo con algo puede causar complicaciones serias y dañar una situación en el lugar de ayudarla. Mientras ellos pensaron que las consultas psiquiátricas me ayudaron y que estuve mejorando, la verdad es que mejoré porque estuve aprendiendo por mis propias interacciones en la escuela y jugando con mis amigos.

No me vayan a mal entender. Psiquiatras tienen sus metas y razones por existir, y a ciertas gentes son de mucho ayudo con problemas psiquiátricos muy serios. Admito que hay algunas gentes con problemas serios de salud mental y enfermedades mentales que necesitan esos tipos de doctores, pero mi salud mental no era tan afuera de orden para requerir ese tipo de tratamiento, ¡y más cierto no requiso lo que el doctor Caruthers había sugerido! Como un niño de diez años yo tenía mis maneras de pensar e interpretar la vida. En toda honestidad, creo que algunos de mis mejores maestras y unos amigos ciertos eran "psiquiatras" muchos mejores para mí que los psiquiatras verdaderos en Nashville. En el lugar de "una programa residencial milieu terapéutico," un tratamiento mucho mejor para mí habría sido ir a un campo de verano para los niños y disfrutar actividades e interacciones sociales con otros niños de mi edad.

En el verano de 1975 cuando salí de tercer grado, mis padres actualmente trataron de ponerme en un campo en el este de Tennessee, pero el dueño del campo se dio cuenta de mis idiosincrasias, y se puso evitoso. Fabricó una excusa por decir, "Pienso que es demasiado joven." Habíamos visitado el lugar y me había gustado. Estuve bien molesto con ese señor por haber dicho que no.

Después alguien nos dijo como él se dio cuenta de mis idiosincrasias, y es un ejemplo clásico de chisme de un pueblito. Un día, su esposa estuvo en un mercado donde ella por casualidad vio una amiga de mis padres. Llegaron a hablar sobre mí, y esa amiga de nosotros se acercó a ella y calladamente le informó que yo no hablaba en el kinder. *¡Ohhh, dios mio!* Ella prosiguió a llevar las noticias a su casa donde le avisó a su esposo. ¡Ya se acabó todo cuando él se dio cuenta de eso! Él no quería niños de problemas, como si yo fuera a hacer un problema. Digo yo realmente, yo había sobretriunfado muchos de mis idiosincrasias después del kinder.

Cuando yo tenía doce años, me junté con el club nacional de los Boy Scouts, y allí sí hice algunos amigos. Cada temporada fuimos a acamparnos e hicimos otras actividades también. Fuimos a caminar la vereda Appalachian Trail por una semana un verano. También fui a un campo de verano por una semana en un acampo especial para los Boy Scouts. Gané parches de mérito y logré con varias cosas. Llegué a ser Scout de Águila para la edad quince, y disfruté la junta nacional del National Scout Jamboree el verano siguiente en Fort A.P. Hill, Virginia. Boy Scouts era una experiencia enriquecedora para mí, y siempre me quedo alegre que junté con ellos y que hice actividades con ellos en mis años adolescentes.

Seguí las consultas con el doctor Jezzini hasta que terminé mi último año en la prepa, ¡pero *no* fui cada semana! Después del primer año de consultas convencí a mis padres para reducir esas consultas a una vez por mes o aun menos. Cuando entré en mi adolescencia y empecé a sentir sentidos por muchachas por la primera vez, hablé con el doctor Jezzini sobre sentidos.

Séptimo Grado, Sentidos Inundantes

En séptimo grado entré en una nueva escuela, una de las escuelas secundarias del sistema del ejido. Yo tenía algunas buenas maestras que cuidaron por nosotros y nos prepararon bien por la escuela prepa. Había muchos más estudiantes en esa nueva escuela, y conocí a bastantes compañeros de las otras escuelas de la ciudad. Hice más amigos. Por algunos pocos de ellos, me acordé verles durante mis 2½ meses del primer grado en la escuela elite del ejido. Por mis dos años en la secundaria las cosas fueron muy bien. Entré mi adolescencia durante séptimo grado. Mis sentidos desarrollaron, y algunos de los sentidos eran fuertes, como estar loco por algunas muchachas. A veces los sentidos fueron inundantes y vergonzosos, haciéndolo difícil concentrarme en lo que estuve haciendo, y a veces haciéndolo difícil hablar con esa muchacha particular por quien yo tenía sentidos especiales. Ésta fue una cosa pertinente que de verdad yo necesitaba platicar con el psiquiatra doctor Jezzini, desde como quiera estuve en consulta con él. Gracias a dios que él había dejado de decir, "¿Qué es lo que *tú* piensas?" tantas veces. Mientras él era calmado y suave y también tenía unos comentarios para mí en el sujeto, no había nada de novedad ni sobresaliente que me dijo.

Mis sentidos persistieron. Yo quería seguir con sentidos normales no más, pero esos sentidos de sentir loco eran molestosos, y para mí eran demasiado mucho. Yo no los quería. Entonces los silencié. Era una de las cosas más difícil que hice. He entendido desde séptimo grado para adelante lo que el dicho "La flecha de Cupido se voló" quiere decir. Bueno, haz de decir que todavía tengo sentidos por gentes aun hoy, pero el nivel ya no es intenso, y es más como normal y manejable.

Durante séptimo grado organizaron un viaje a las ciudades de New York City, Philadelphia, Washington DC, y Williamsburg. Era un muy buen viaje por lo cual firmé inmediatamente, y era la primera vez que fui a viajar afuera de la supervisión de mis padres. Todos nosotros subimos a un autobús Trailways (con transmisión estándar de 4 cambios) y salimos del estacionamiento de la escuela el 16 de marzo de 1979. Era un viaje por toda la noche, y la primera parada era la casa del presidente Thomas Jefferson, Monticello, cerca de Charlottesville, Virginia. Eso fue seguido por varios días de ver las vistas en Washington DC. Después de eso seguimos para New York City e hicimos muchas actividades incluyendo subiendo arriba en el Estatua de Libertad y tambien arriba en uno de las torres gemelas, altura 1377 pies. ¡Que vistas de veras! Luego fuimos a Independence Hall en Philadelphia, seguido por Williamsburg, Virginia. Entonces hicimos un viaje de toda la noche por autobús para regresar a Murfreesboro, llegando el 25 de marzo. Era un viaje empacado, y lo disfruté mucho.

En adición a disfrutar el viaje, había otra cosa que me acuerdo muy bien, algo que quise cumplir pero no supe como y/o sentí mal a gusto hacerlo. Una muchacha joven, por quien sentí loco, también estuvo con nosotros en el viaje, y una noche en New York City, había una presentación del teatro Broadway llamado *Sweeney Todd*, a la cual todos nosotros fuimos. Pues la cosa para hacer era llevar una muchacha como de cita, y todos los muchachos en el viaje estuvieron escogiendo. Una noche todos nosotros fuimos a una película en el cine, y traté de invitarle por hablar con ella, pero por alguna manera no llegué a la pregunta de actualmente invitarle. La próxima noche, fui a su cuarto en el hotel para hacer otro paso de invitarle, y cuando pregunté a los otros de su cuarto si yo pudiera hablar con ella, ella salió hasta el pasillo y de repente me dijo, "¡¿Qué?!" en una manera exasperada. El pico de dolor que sentí era demasiado mucho para mí, y en el lugar de invitarle por la cita, le dije que no había nada. Cuando fuimos a la presentación de Broadway la noche siguiente, me fijé que ella fue con otro muchacho – ¡y él también llevó tres otras muchachas, un total de cuatro a esa presentación! ¡Que marrano! Me sentí triste que no le pude llevar. No quise llevar otra muchacha, entonces no llevé a nadie. La presentación era ruidosa, entonces me puse mis tapones en mis oídos. Por como resultó, sin darme cuenta me puse a dormir poco después de la presentación empezó, y en poco tiempo la presentación de tres horas se acabó. Disfruté la siesta y sentí bien descansado.

Pues, ya se acabó todo por las citas. Tengo que admitir que el dolor que sentí en amistad, cierto me estuvo presentado al frente cuando esa muchacha joven respondió a mí con, "¡¿Qué?!" Es que ya no quise hacer nada más con las citas después de eso, y he hecho muy poco con las citas desde entonces. Claro que sí, reconozco que hay otras muchachas con quienes puedo haber disfrutado unas citas muy finas, pero sencillamente perdí interés en ese tipo de actividad social. Tuve cosas más interesantes para hacer, por ejemplo viajando y disfrutando aventuras. Bueno, no me vayas a mal entender. He tenido amistades con otras muchachas compañeras en la escuela prepa y la universidad, pero solo con las con quien me sentí a gusto – no sentidos *especiales*. Aun había algunas muchachas que me gustaron. Es que no me comprometí de "andarme con ellas" o llevándoles a citas.

Convicciones Fuertes

En mi niñez temprana, yo tenía convicciones fuertes, y a veces yo ponía restricciones no necesarias a mí mismo – por ejemplo mi prohibición de hablar en el kinder. Tal vez éste me dio buena práctica en tener convicciones fuertes ahora, lo cual es porque nunca he caído en la trampa de drogas, alcohol, fumar, sexo prematrimonial, o aun diciendo maldiciones.

Por ejemplo, antes de cumplí diez años, yo comía chocolate como todos los niños hacen. Sin embargo, descubrí que me hizo sentir hyper, como agitado, y de mal humor. Un día en septiembre de 1975 cuando estuve en cuarto grado, empecé a comer una galleta que tenía pedazos de chocolate. La repuse en mi cajón de almuerzo. No he comido chocolate desde ese día. Había algunos momentos tentados desde entonces, pero me dije a mí mismo que ya no como chocolate. Nunca rompí mi convicción ni lo cambié. Cuando miro atrás a esa decisión fuerte que hice cuando yo tenía diez años, ahora me doy cuenta que era una práctica excelente para aprender como rechazar fumar, tomar, y las drogas.

Temprano en mi vida, tomé la decisión que yo nunca iba a hacer esas cosas y mi conciencia es tan fuerte que nunca puedo haber cruzado las líneas que yo había puesto.

Cuando yo era un niño, hice algunas decisiones sobre lo que yo iba a hacer y no hacer en mi vida. Yo sabía desde edad de seis años que yo nunca iba a fumar, tomar, ni hacer drogas. Me acuerdo que mis padres dijeron que cuando yo tendría más años, por decir doce años, ellos me dejarían probar las bebidas de alcohol. Pues, cuando yo tenía ocho años, estuvimos visitando amigos en Birmingham, Alabama. Alcancé y agarré lo que yo pensaba era un Sprite o Ginger Ale. ¡Era una cerveza, y que terrible sabor tenía! La escupí de volada y luego lavé mi boca con agua. Si la cerveza tiene sabor así, ¿por qué la gente la quieren? Eso llegó a ser mi filosofía y no vi ninguna razón para modificarla ni cambiarla cuando alcancé adolescencia. Acerca de whiskey, tequila, vino, y lo demás, ¡una olida de cada una inmediatamente me dijo que sabrían tan malo como olieron!

Cuando alcancé edad doce, supe que desde yo no iba a fumar, tomar, ni hacer drogas, no vi la necesitad de probar esas cosas. ¿Para qué? Yo ya había hecho mi decisión. He mirado muchos adolescentes empezar a fumar, tomar, y hacer otros mal hábitos. Lo que me da triste es que algunos de ellos actualmente me habían dicho, cuando tenían once o doce años, que nunca iban a hacer esas cosas. Pues, aquí es como lo veo. ¿Dónde está su memoria? ¿Qué pasó con sus convicciones? Cuando yo tenía once o doce años, yo decía a otra gente que yo nunca iba a fumar, tomar, ni hacer drogas. Me quedé con mis convicciones a la palabra. ¿Por qué esos otros adolescentes no se quedaron con lo suyo? Adivino que no cuidan. No son tan literal como yo soy, y ellos actualmente no hacen lo que dicen.

Me acuerdo cuando fui a mi reunión de diez años después de graduación de la escuela prepa. Estuve sorprendido a cuantos compañeros de mi clase estuvieron tomando y fumando. Lo que me sorprendió más es que un compañero con cerveza en mano me había dicho, atrás cuando estuvimos en la prepa, que no tomaba. Actualmente había dicho que estuvo orgulloso de no tomar.

Entonces le pregunté en una manera de aparecer confundido, "¿Tú estás tomando tambien? Yo pensaba que no tomabas."

Él contestó diciendo, "Pues, fui a universidad."

Yo le recordé de lo que me había dicho atrás cuando estuvimos en el deceno grado. Aun le mencioné los detalles de donde estuvimos cuando me dijo, y quien más estuvo con nosotros. No se acordó diciéndome. Estuve sorprendido que no se acordó.

Desde ese momento para adelante, he llegado a darme cuenta que de veras tengo una memoria fenomenal por detalles y conversaciones. Yo pensaba que otros se acordaron los eventos tan bien como yo, pero he estado sorprendido aprender que la mayor parte de la gente no se acuerdan.

En una reunión de mi familia cuando yo tenía edad doce, me acuerdo sorprender a mi tía y tío por declarar, "¡Nunca!" Estuve refiriendo a tomar tequila. Mi tío estuvo tan sorprendido que lo mencionó tres o cuatro veces a todos en la reunión de mi familia. Hice seguro que me quedé con mi palabra perteneciendo a tomar, fumar, y hacer drogas. *¡Nunca!*

Por todos los adolescentes que rompen su palabra, parece que sus caras cambian, y que toman una apariencia diferente. Sus ojos cambian también. Algún factor de influencia de otro nivel, como la presión de compañeros, por alguna manera les hace cambiar sus convicciones anteriores. Pienso que eso ocurre porque sus convicciones no son tan fuertes como las mías. Si mis convicciones y mis rechazos de cambiarlas tienen algo que ver con ser un Asperger's, entonces estoy agradecido por ese aspecto de la condición.

Como Pienso y Recuerdo

Éste es un buen lugar para explicar al lector como pienso y recuerdo. Lo considero único, comparado a la manera en que la mayor parte de la gente piensan y recuerdan. Algunos autísticos, por ejemplo Temple Grandin, piensan en fotos. Ellos tienen una memoria visual y fotográfica. Tengo una buena memoria por números, eventos, y conversaciones muy atrás, pero mi memoria no es fotográfica. Bueno veo muchas imágenes en mi mente cuando estoy soñando, y sueño en color, pero cuando estoy despierto no puedo ver imágenes visuales en mi mente, ni siquiera cuando mis ojos están cerrados. Aun todavía tengo la habilidad de reconocer una cara de una persona, y en mi mente sé como parece él o ella, pero es una memoria, no es una imagen visual. Puedo recordar muchos tipos de formas y designios – por ejemplo tipos de árboles, carros, y estilos de teléfonos – pero no puedo "ver" esas imágenes en mi mente.

Como una analogía, mi memoria pudiera estar descrito o comparado a Microsoft DOS® en una computadora, en otras palabras puro texto, mientras por la gente con memorias fotográficas, pudiera estar comparado a Microsoft Windows®, en otras palabras imágenes en un monitor de una computadora. No puedo ver ni siquiera las imágenes de texto en mi mente, pero por alguna manera soy bueno para deletrear, y sé en mi mente como debe que aparecer una palabra, completamente con deletreo correcto.

Ni siquiera veo números telefónicos en mi mente pero tengo muchos de éstos memorizados, tal vez un mil. Me acuerdo los números telefónicos de muchos amigos y familiares, aun los números telefónicos de unos pocos amigos que yo conocía atrás en el kinder y primer grado.

Mi memoria por eventos, y como ocurrieron, es muy exacto, y hasta donde sé, mi memoria no cambia durante los años. La gente me dicen que tengo una buena memoria. Por varias razones, por una buena parte de la gente, sus memorias cambian, y memorias están reprimidas o tal vez olvidadas. Factores emocionales pudieron haber tenido que ver con eso. Para mí, me acuerdo casi todo sin respeto a los factores emocionales.

Escuela Prepa y Años de Universidad

Yo asistía a la escuela prepa y salí muy bien en los cursos, ganando casi todos A's. Yo fui segundo en la clase de 320 estudiantes. Mi IQ estuvo medido a 130. A la mayor parte de la gente les caí bien, y me recibieron bien por amistad. Yo tenía muchos amigos. Algunas veces, disfruté haciendo actividades con ellos, jugando en deportes con algunos de ellos, y marchando en la banda de la escuela prepa durante uno de esos años. Corrí de deporte por dos años haciendo la milla y el 880. Aun estuve invitado juntar con una fraternidad y estuve aceptado, pero les dije gracias pero no, porque estuvieron tomando y tuvieron fiestas con barriles de cerveza. En la prepa, tuve más libertades, especialmente perteneciendo a donde pude comer mi almuerzo y pude visitar con *cualquier* persona en la cafetería, no solo los en mi cuarto de planta.

Sin embargo, necesito mencionar que había veces, especialmente durante mi primer año de la prepa, cuando me pasaron experiencias de exclusión de mis amigos. Me acuerdo varios incidentes durante actividades de grupos, por decir cuando nos juntamos en el auditorio. Entré con esos compañeros a quienes pensé eran mis mejores amigos. Cuando tomamos nuestros asientos, ¡demasiada muchas veces ellos los tomaron en una tanta manera que ellos perfectamente ocuparon *todos* los asientos en esa fila! No sobró ningún asiento para mí. Por resultado, tuve que ir a sentarme en otra parte, y me sentí un poco desafanado.

Me pasaron experiencias como esa menos veces después de mi primer año de la prepa, y las cosas mejoraron. Gané un buen número de amigos en la prepa. Algunos de ellos llegaron a ser buenos amigos. Hicimos cosas juntos, y algunos vinieron a visitar en mi casa y rancho y fuimos a acampar allí en el bosque. Todavía conozco a algunos de ellos hoy.

En mi último año de la prepa, estuve seleccionado el Más Intelectual, un honor de veras. También recibí algunos premios por ser primero en unos cursos. Uno era el premio de español, y otro era el premio de geometría, más el premio de matemáticas avanzadas. Aun le gané al valedictorian (Valedictorian significa el primero en la clase.) en esas clases. Siendo segundo en mi clase graduando, yo era el salutatorian (Salutatorian significa el segundo lugar.), y yo había entendido que no solo el valeditorian habla durante la ceremonia de graduación, también el salutatorian habla.

Sin embargo, en la primavera de mi último año, me cayó de sorpresa unas noticias que estuvo decidido (nueva póliza) que solo el valedictorian iba a hablar durante de la graduación. ¡Que raro! Cuando miro atrás a eso, pienso que debo que haberles cuestionado, pero no lo hice. Creo hasta este día que cuando ellos se dieron cuenta que yo iba a ser el salutatorian, ellos a propósito fabricaron una nueva póliza para prevenirme de hablar. ¡Muy astutos! Más, voy a mencionar que había algunos clubes ciertos que tenían juntas cada dos semanas durante el programa alterno que siento que me desafanaron. Uno se llamaba el Key Club, y todos los mejores estudiantes fueron invitados a ser miembros, menos yo. No creo que tiene que ver con la situación de yo tener Asperger's tanto que es más probable que unos pocos de la facultad – ellos que por casualidad manejaron la decisión – pues les caí mal por puro gusto. Les he visto algunas veces desde entonces, por casualidad, y ellos siempre son de hombro frió a mí. De toda manera, a muchos de mis maestros les caí bien, y eso también incluyó el director y algunos de sus asistentes.

Ya cuando me gradué, estuve alegre para ya terminar la escuela prepa. Aunque disfruté muchas cosas sobre eso, el currículo y carga de trabajo eran intensos. Aun todavía, supe que yo extrañaría en mis amigos.

El siguiente otoño entré en la universidad llamado Tennessee Technological University en la ciudad de Cookeville. Yo había recibido un premio de una beca de universidad académica de trabajar, en lo cual yo trabajaba 44 horas cada cuarto. (Un cuarto es parecido a un semestre, no más que hay tres por año.) Yo vivía en los dormitorios. Era un ajustamiento significante – tener un compañero de dormitorio que era un desconocido. Las cosas no fueron muy bien por las primeras dos semanas, ¡y una noche él tenía su novia en la cama con él y me negó acceso a mi propio cuarto! Le confronté, ¡y hombre se puso defensivo! Saqué mis cosas el próximo día, ¡y me enojé mucho cuando descubrí que él había orinado en mi cantimplora de agua! Pues en su pequeño refrigerador, él tenía una botella de Gatorade, la bebida perfecta para esconder el sabor. Puedes imaginar lo que hice. Ya sabes yo tenía muchas ganas de hacerlo, ¡y jamás nunca le dije ni se dio cuenta tampoco!

Yo acababa de llegar a ser amigos con un muchacho de Kentucky, y él me dejó cambiarme a su cuarto. Todo lo demás del año me fue bien. Gané muchos amigos, e hicimos actividades juntos. Algunos de ellos aun me llevaron a su casa en algunos fines de semana. Algunos también llegaron conmigo a mi casa y rancho para visitar. Uno de ellos aun viajó conmigo a un parque que se llama Cumberland Island en el estado de Georgia. ¡Pues triunfé! Actualmente gané un buen número de amigos, y aunque nos hemos separado desde entonces, a algunos les hablo por teléfono de vez en cuando. Al fin del primer año, mi compañero de dormitorio me dio un buen elogio diciendo, "Dios no puede haber creado un compañero más amistoso y considerante." También me dijo que era bueno que no tuvo que preocuparse sobre en que condición sería su cuarto cada vez que entrara. Cookeville era una ciudad más o menos pequeño, y muchas veces me fui de paseo en mi bicicleta en los caminos del ejido. Yo tenía colgado en la pared un mapa de la región y también marqué todos los caminos que exploré por bicicleta. El ejido era bonito, pero también era montañoso. Había veces cuando amigos me acompañaron en mis paseos por bicicleta.

El currículo de escuela de ingeniero eléctrico era difícil y duro, y saqué muchas B's y C's para acompañar las muchas A's. Aun durante mi último examen final, ¡sentí que ellos trataron de sacudirme! Mis calificaciones promedio, cuando me gradué, era un poquito más que 3.0, reconociendo que 4.0 es el máximo (puros A's), lo cual todavía es muy bueno por un EE (ingeniero eléctrico). Tuve que estudiar mucho, y a veces me sentí bloqueado mentalmente con las teorías vagas y conceptos abstractos. Cálculo, ecuaciones diferenciales, y variable compleja no fueron sencillamente fácil como las matemáticas que yo había estudiado en la escuela prepa, y era mucho más difícil para entender. De todos los cursos de matemáticas que tomé en universidad solo gané un A (cálculo III).

Sin decir lo menos, disfruté ganar amigos y aunque rechacé entrar en los fraternidades, disfruté el lado social de universidad más que el currículo. Algunos compañeros estudiaban y hacían tareas conmigo, especialmente durante el último año. Cuando me gradué, sentí triste porque supe que yo iba a extrañar a mis amigos.

Desde ese tiempo, ya no estando en la escuela, no ha sido tan fácil para hacer amigos.

*   *   *

Robert Sanders al par de su iglú, enero de 1979

PARTE 2

Mi Hermana

La edición original de este libro no hace cuenta para nada de la verdad que tengo una hermana. Su nombre es Priscilla. Yo había hecho una decisión a propósito no incluirle en mi libro anterior porque mi hermana y yo habíamos quedado alejados desde 1994, y yo pensaba que ella habría sido delicada con eso. Ella había estado fijando y resolviendo muchos problemas de su vida, y había querido muy poco de hacer conmigo. Más ella era sensitiva acerca de unas cositas y normalmente no quiso nada escrito porque yo se le pudiera echar en la cara después. Entonces razoné que no le incluiría ni escribiría sobre ella en mi libro.

A mi sorpresa, ya con la publicación de la edición original de este libro, mi hermana averiguó porque no estuvo incluída ni mencionada. Ella me dijo que quiso estar puesta en mi libro. Actualmente insistió, porque pensó que por incluir este dinámico importante ayudaría a la gente para entender la angustia y dificultades que hermanos sufren, cuando viviendo con un Asperger's. Pues, bueno entonces. Adicioné esta nueva sección a esta nueva edición de mi libro.

En junio de 1967, cuando yo casi tenía dos años, una hermana nació en mi familia. Mis padres le trajeron a la casa del hospital. No supe lo que pensar en tener una nueva adición a la familia. Para mí era una sorpresa. Fui a mis padres y gimoteé. Después de todo, ella estuvo recibiendo atención también. Era un cambio significante en la rutina, y me di cuenta que había competición. No me acuerdo mis reacciones en esos días, por como yo era tan chiquillo. El sobre dicho es lo que mis padres me dijeron.

Por la mayor parte de nuestra niñez, mi hermana y yo nos llevábamos mal. Éramos incompatibles en muchas maneras. Eso no es para decir que no hicimos cosas, pero muchas veces cuando fuimos a jugar, se resultó en pleito y problemas. Sin embargo, me acuerdo unas veces en nuestra niñez temprana cuando jugábamos en el solar en paz.

Era difícil para nuestros padres para criarnos. Mi mamá estuvo agitada y frustrada y demasiado fácil se puso enojada. Algo de eso me hizo enojar – nuestros padres no sabiendo bien como criarnos. Cuando miro atrás en todo eso, me doy cuenta de por tener rasgos de síndrome de Asperger's, yo probablemente era un hermano más difícil con quien vivir. Lo siento que las cosas no fueron más bien, y también lo siento que yo no era un hermano más bien a mi hermana Priscilla, especialmente en nuestra niñez.

Priscilla, que presentemente vive en Los Ángeles, llegó y visitó con mis padres y conmigo durante la navidad del 2002, y ella escribió una hoja de notas de cosas que se recordó de nuestra niñez. He referido a esa lista en escribir esta parte. En el fondo de la página, ella lo puso el título, "Comportamiento de Roberto que me hizo . . ." y ella listó varios tipos de sentidos mal a gusto. También escribió, "Gracias por querer escuchar y darte cuenta de mi interpretación de estas memorias. Me siento bien por ti por estudiar todo ésto y querer escribir sobre ésto. Estoy seguro que te frustré también – acordándote que he soltado esta basura, ¡pero requería mucho trabajo! Es el pasado."

Después de leer todas sus notas, realicé que ella tuvo razón por la mayoría de lo que escribió, pero también me di cuenta que había algunos otros incidentes e idiosincrasias molestos y características mías que se le olvidaron a ella. En una manera, puedo sentir orgullo por ella por olvidarse de esos detalles.

Me acuerdo un incidente cuando yo tenía ocho años. Un amigo mío y yo le llevamos por bicicletas el kilómetro a la entrada del camino de nosotros. Regresamos sin ella, dejándole a pie para regresar a la casa. Como tenemos una entrada larga, ella estuvo llorando cuando llegó a la casa.

Me acuerdo otro incidente uno o dos años después cuando le estiré en mi carretón de juego, y de repente y a propósito lo levanté para arriba, tirándole en el suelo. Se levantó muy enojada y me siguió adentro de la casa con una tabla de madera. Eso fui una reacción violenta, por lo cual mi mamá le regañó a ella. Había otro incidente que resultó en mi hermana cerrando fuerte la puerta de la casa y gritando, "¡Le odio!"

Como ya he dicho, me doy cuenta ahora que probablemente yo era un hermano difícil con quien vivir. Aunque tuvimos alcobas separadas, había varias cosas que hice que le molestó mucho, y aun violó su "espacio". Una cosa que hice varias veces era entrar en su alcoba por la ventana que conecta al pasillo dentro de la casa, por como ella puso el candado en su puerta. Entré así porque ella estuvo tocando el estereo mientras yo estuve en mi cuarto tratando de estudiar por varios exámenes en la escuela secundaria y prepa. El estereo me molestó e interrumpió (pues violó) mi concentración. Le pedí que bajara el volumen y a veces lo hizo, pero había otras veces cuando no acomodaba mis pedidos. En esas ocasiones entré en su cuarto a fuerza para bajarlo yo. Ella me dijo que no le hace que tanto ella lo bajaba, nunca era bastante bajo para mí. Nunca cruzó mi mente que ella estuviera guardando coraje sobre esos incidentes por varios años después.

Durante los años, mi hermana observó que yo tenía sensitividades más que el normal, y a veces averiguaba, *¿Qué es el problema con él? Otras gentes no son tan particulares como mi hermano.* Yo quejaba y me enojaba por los olores, por ejemplo el espray de pelo. O por su uso de tubos eléctricos o su secadora de pelo ¡y el olor gacho de cocinar el pelo! ¡Nausea! Aunque en esos días, todos los muchachos también usaban secadoras de pelo yo nunca las usé por la verdad del olor gacho ¡y también el ruido recio que hicieron!

Mi hermana dijo que en general se sintió que ni siquiera pudo poner un pie en mi cuarto ni tocar mis cosas, pero que yo podía tocar y jugar con sus cosas como yo quiera y entrar a fuerza en su cuarto también cuando yo quiera. Eso no era justo.

Teníamos un carro de dos puertas por algunos años, y los asientos delanteros se doblaban para adelante para dejar que la gente se metieran al sillón de atrás. Me acuerdo varios incidentes cuando mi hermana estuvo en su adolescencia, edad doce y trece, un tiempo cuando mucha gente llegan a ser más sarcástica y rebelde. A veces hacen gestos sarcásticos con sus carros y se ponen burlistas, incluyendo moviendo sus ojos para arriba en reacción a una regañada por un adulto. Mi hermana tenía unos de esos rasgos, y eso le hizo más difícil con quien llevar bien. Algunas veces le pedí bajar la radio o sea cambiar la estación porque no me gustó una canción tocando, o pedir que bajara la ventana antes de cerrar la puerta. Por ser rebelde, ella no me hizo caso, y suavemente decía varias palabras sarcásticas bajo su aliento, lo cual me hizo enojar. En reacción yo le daba una patada al respaldo del sillón, lo cual sé era malo en parte mío, pero estoy tratando de explicar porque lo hice – porque no aprecié el sarcasmo.

Había unas otras cosas que también le molestaron a mi hermana, aunque no tanto como el sobre dicho incidente. Una cosa era que mi hermana se sintió ofendida porque yo decía "mis padres" o "mis abuelos" mientras hablando con ella, en el lugar de decir "nuestros padres" o "nuestros abuelos." No lo hice a propósito y claro que no tuve ninguna mala intención para ofenderle o frustrarle. Mirando a la situación lógica-mente, mi hermana es la única persona en el mundo a quien la palabra *nuestros* aplica a mis padres. A todo lo demás, digo *mis*, y cada vez se me olvidó decir la palabra *nuestros* cuando hablando específicamente con mi hermana. Yo esperaría esa situación a existir entre muchas familias con hermanos. Es difícil aun ahora para acordarme decir *nuestros* cuando hablando con mi hermana. Recién le escribí una nota y en refiriendo a nuestros padres, instintivamente escribí *mis*, pero lo pesqué, lo rayé, y escribí *nuestros* arriba de eso.

Había cosas de mi hermana que me molestaron a mí. Desde nací primero, y mi hermana segunda, siempre pensé que la gente debieron referir a nosotros como *Roberto y Priscilla*. Tan muchas veces, mis padres y otros amigos y familiares de la familia decían, *Priscilla y Roberto*. Casi nunca escuché a alguien decirlo correcto: *Roberto y Priscilla*. Durante mi niñez temprana, ésto me molestó – siempre mencionando mi hermana primera, como si ella estuviera primer nacido, y que ella fuera más importante que yo. Me hizo sentir bastante frustrado y segundo escogido, ¡por lo cual me molestaba tanto! Entonces empecé a corregir a todos que dijeron eso por decir, "No, es *Roberto* y Priscilla. Yo nací primero." Claro que ahora tengo conocimiento que mi hermana y yo somos importantes igualmente, pero todavía estoy de acuerdo por como quise mi nombre puesto primero, por como fui el primer nacido en la familia.

Un detalle que mi hermana se le olvidó poner en su lista era que muchas veces durante nuestra niñez, recibimos amigos para jugar cuando vinieron a visitar. Como de competición, por toda nuestra niñez, me fijaba en las horas que cada amigo jugó o visitó con cada de nosotros, y me puse envidio si ella me ganó en la cantidad de horas de jugar. Era muy importante que nuestros padres fueran justos con nosotros, por tener seguro que ella nunca recibiera más horas de juego que yo. Bueno en mi mente niñez en esos días, era perfectamente bien que yo recibiera más horas de juego que mi hermana. Me hizo sentir bendecido y más rico. Para edad quince más o menos, maduré en ese aspecto, porque de esa edad adelante entendí que mi actitud de horas de juego no era muy bueno – aun egoísta.

Mi hermana me dijo que se sintió que me enojaba y que me sentía envidio porque ella tenía amigos, o tal vez porque ella tenía éxitos en la escuela, u otras cosas. Tal vez se sintió así porque de lo que expliqué en el sobre dicho párrafo. Lo siento que ella lo mal interpretó así. Solo era un sentido niñez de competición en aspecto de horas de juego. Hasta donde puedo recordarme, estuvo bien que mi hermana tuviera éxitos en la escuela.

Una de las cosas que me sorprendió de que mi hermana puso en su lista es que se sintió incómodo que no me vestía bien con la ropa por ocasiones especiales, por ejemplo bodas. Como ya sabes, nunca me puse una corbata. También me puse zapatos tenis en el lugar de los zapatos de vestido, ¡porque son muy incómodos! Nunca cruzó mi mente que la manera en que me vestía habría molestado a mi hermana, o que le habría dado vergüenza. Después de todo, las corbatas son cosas que odio. Son como un nudo corredizo alrededor del cuello.

Me acuerdo una vez cuando fuimos a una boda de mi prima cuando yo tenía 17 años. Sin necesidad de decir, no me puso corbata. Mi abuelo al verme era muy condescendiente y expresó mucha desaprobación de mí, ¡lo cual no me gustó para nada! Después de todo, me había vestido bien – aparte de la corbata. Por decir, si yo hubiera llegado a esa boda borracho, y con ropa de mugrero, pantalones manchados, y sin haberme bañado, entonces la desaprobación extrema de mi abuelo habría sido justificado.

Me molesta como tantas gentes son tan intolerantes, especialmente sobre cositas, como si una persona pone o no pone corbata. En la gran cosa, no le hace si una persona pone o no pone corbata, lo cual es mi meta probar. Vivo mi vida sin corbatas y sin respeto a cualquier ocasión, ¡aun si estoy invitado a una banquete especial con el presidente de los Estados Unidos!

Lo siento que mi hermana se sintió apresada durante nuestra niñez, que la mayoría del tiempo se sintió mal querida como una hermana, y que se sintió como si yo estuviera enojado a ella mucho del tiempo – tal vez aun le odiara. Ella se sintió como no quise jugar con ella, y ella tenía otros sentidos negativos, los cuales estoy seguro eran difíciles por ella.

Cuando Priscilla y yo alcanzamos la edad de universidad, nos llevábamos más bien y teníamos conversaciones en una manera más amistoso como hermanos deben hacer. Estuve aliviado que ya habíamos salido de nuestra niñez y que todos esos malos incidentes ya eran el pasado. Mi hermana y yo tuvimos enfrente un camino plano. ¡Sí, palabras últimas famosas!

Mi hermana se cambió a Boston, Massachussetts en 1990 y ella regresó a Tennessee en diciembre de 1993. Llevé mi camioneta allí para traer todas sus cosas para acá a Tennessee. Unas semanas después, ella encontró una casa de renta en Nashville. Tuvimos algunas más conversaciones, las cuales disfruté. Otra vez estuve alegre que el camino tumultuoso de nuestra niñez ya era atrás de nosotros.

Ya en Nashville, Priscilla localizó una terapista quien hizo consultaciones familiares. Ella pidió a mis padres si pudieran venir a unas consultas. Fuimos varias veces y discutimos nuestra niñez. Vamos a decir un dicho que varios gatos estuvieron sueltos de sus bolsas. En las próximas semanas, platiqué con mi hermana sobre algunas de las cosas que ella había mencionado durante las consultas. Ella estuvo tratando de resolver problemas del pasado mencionados con la terapista. Me fijé que mi hermana ahora tenía resentimiento acumulando dentro de ella. Hielo empezó a ponerse entre nosotros, y ella estuvo retirando su amistad. En marzo de 1994, ella corajudamente me dijo que yo pude decirle cualquier información que yo quisiera, ¡pero que ella no tuvo que decirme nada! Eso no me gustó para nada, y le dije que no estuve de acuerdo a todo. ¡No era justo para nada y era mucho de un lado! Si yo iba a ser abierto y amplio en mis pláticas con ella, esperé que ella fuera lo mismo conmigo. ¡Y luego una bomba se cayó! ¡El demonio estuvo soltado! Mi hermana se puso histérica, ¡gritando varios vulgares y groserías y diciéndome que horrible yo era a ella durante toda nuestra niñez! ¡Estuve molesto, por decir lo menos!

Fuimos a una consulta más con la terapista después de ese incidente horrible, y mi hermana estuvo llorando, acusándome de haberle golpeado durante nuestra niñez, ¡acompañados con otras monstruosidades! Sí, le pegué unas pocas veces durante nuestra niñez. Así es normal con la rivalidad entre hermanos, pero nunca llegamos a pelear muy feo ni nada seria. Yo no era un hermano muy malo. Estuve bastante molesto a como mi hermana se puso en contra de mí tanto después, en 1994. Realmente, yo pensaba que habíamos resuelto todas nuestras dificultades de niñez, habernos perdonado y todo eso, años atrás cuando estuvimos en universidad.

Mi hermana decidió empezar a consultar con algunas otras terapistas y cosas así. Creo que era una mala idea, sacando basura del bote de perdido nueve años en el pasado, resucitándola, y revisándola. ¡Hasta donde Priscilla pensó, había montañas de coraje! Estoy seguro que las terapistas le confortaron por decirle, "Ah pobrecita, tú no tienes la culpa."

Mi hermana se puso mucha angustia por ir a esas consultas para que se le pase su coraje contra mí, todo lo cual en mi vista no era necesario y sobre extremo. Después de todo, yo no era un hermano tan malo. Hay algunos amigos que me han contado historias horribles (¡pues historias de horror!) sobre como estuvieron maltratados por sus hermanos y hermanas. No voy a decir específicamente los detalles, no más que si yo hubiera hecho cosas tan feas a mi hermana, yo sentiría tanta vergüenza que yo no podría vivir con mí mismo. Mientras yo no era amistoso con mi hermana, gracias a dios que yo no era tan abominable.

Mi hermana después explicó su punto de vista acerca de porque lo vio bien que yo pudiera decirle cualquier información que yo quisiera, pero que ella no tuvo que decirme nada. Ella tiene una creencia en lo que tiene el término *límites*, o sea *fronteras*, lo que ella también llama "espacio físico". En nuestra familia, conceptos como esos no nos ocurrieron. Nunca cruzó las mentes de nuestros padres para enseñar eso, a lo menos en esa terminología. Después de todo, somos una familia, y por eso debemos que ser abierto y amplio con nuestras pláticas y vidas entre nosotros mismos. Así es como nuestros padres vieron las cosas.

En niñez, mi hermana se sintió oprimida por mí porque se sintió que usualmente no pude conseguir lo que quería. Ella me ha dicho que yo era muy adamante sobre conseguir lo que yo quería en mi niñez, y si no pude conseguirlo, me ponía enojado. Entonces ella casi siempre tuvo que ceder paso. En otras palabras, ella lo vio como una violación de sus límites y "espacio físico." Por ejemplo, yo entraba a fuerza en su cuarto a veces.

Hay muchas cosas que ella consideró muy privadas, y ella no quiso hablar sobre esas. Yo al contrario era más abierto y amplio con la gente. Mientras hago esfuerzos dar respeto a la gente, siempre me ha molestado el concepto de límites y "espacio físico" y ellos que hacen cuenta que es una gran cosa en sus vidas. Ellos mismos se encierran y se hacen inaccesible. No me gusta cuando la gente hacen eso. Me gusta ser más abierto y amplio con la gente y platicar con ellos más liberamente acerca de las cosas. Si ellos no quieren platicar liberamente acerca de las cosas, entonces les considero desconfiados de mí, y eso es lo que me molesta.

Durante los próximos ocho años, de 1994 a 2002, yo y mi hermana éramos a distancia. Eso no es para decir que no tuvimos conversaciones a veces, no más que cuando hablé con ella, siempre percibí una pared de hielo y coraje. También hice varios esfuerzos, ambos verbal y escrito, para reconciliar con ella. No se estuvo componiendo. Se estuvo quedando atrás de la pared de hielo. ¡Allí se quedaba!

Para diciembre de 1998, llegué a ser más frustrado con ella, porque me molestó bastante como ella siempre me estuvo desafanando sutilmente ¡y siempre con esa pared de hielo! Me cansé de eso. Algo que ella hizo me causó a responder corajudamente a ella, y le grité. Después de ese episodo, ella me rechazó más, y ya no volvió a venir al rancho de nosotros mientras estuve allí, aunque *nunca* traté de prevenirle de llegar a lo que es su hogar también. Pues, pasó 2½ años hasta que vi la cara de mi hermana otra vez, por decisión de ella.

La última vez que hice un esfuerzo para reconciliar con mi hermana era en junio de 2000. Yo no le había visto en 1½ años. Entonces le mandé una carta. Tres meses pasaron, y nunca había contestado. Entonces, le mandé la misma carta por correo electrónico. ¡Todavía no la contestó! El próximo día se la mandé dos veces, y tres veces el día siguiente. Con eso, ella me contestó. Tuve planes de aumentar el número de las veces de mandársela cada día siguiente hasta que ella me contestara, ¡aun si yo tuviera que aumentar a mandarla cien veces en un día!

¡Su único correo electrónico respondiendo a mí era muy frío lo más seguro! Mientras me dijo gracias por pedir disculpas por todas las cosas que yo había hecho para ofenderle, ella me dijo que no quiso ningún contacto conmigo de ningún tipo, aunque era muy probable que yo no entendiera sus razones. Ella también mi pidió no responder a su correo electrónico, como si me pasara malo suerte si yo respondiera. A lo menos eso es lo que me hizo entender sutilmente. ¡Muy extraño!

Mis padres estuvieron bastante disgustados que mi hermana estuvo siguiendo ser de tanta distancia y con la verdad que no quiso nada conmigo, su propio hermano. Nuestro padre tenía malos sentidos sobre eso por algunos años. Siempre estuvo preocupado sobre eso porque era una cosa afuera de harmonía entre la familia. En general, cuando la gente se preocupan mucho sobre las cosas, llegan a estar enfermo.

Pues, un "milagro" ocurrió en el verano de 2001. Pongo milagro en comillas porque era un episodio falso de reconciliación. Mi hermana comunica regularmente con mis padres por teléfono. En mayo de 2001, nuestro padre estuvo bastante enfermo, y él le dijo a su hija que tal vez ya se va (de su vida). Mi hermana se puso muy preocupada – actualmente estuvo asustada – y ella tenía un sueño claro que nuestro padre estuvo reposo en su lecho de muerte. Por resultado, ella lloró toda la noche. Se apuró y en poco tiempo vino al rancho aunque estuve yo. Se compuso un rato, y aun me dijo que me apreciaba por cuidar el rancho y nuestros padres. Eso me gustó. Sin embargo su reconciliación era temporal. Se puso firme otra vez cuando traté de pedirle contestar sus correos electrónicos y pedirle si yo pudiera comunicarme con ella. Ella solo contestó un "tal vez" y escribo *traté* porque ella insintivamente supo lo que yo iba a pedir, ¡y me previno de poder terminar mi ruego!

En toda manera, por resultado tuvimos otro año más de casi no comunicación. Mi hermana estuvo a punto de venir a visitar en la navidad de 2001, y pidió a mis padres decirme que yo no platicara con mi hermana ni seguirle. Mi mamá se enojó con mi hermana y le dijo, "Roberto le gustaría platicar contigo, ¡pero él sabe que eso no te interesa a ti y que no le quieres hablar!" Cuando ella estuvo con nosotros por la navidad, allí estuve también, pero no le hablé para nada, porque ya supe. Se sintió muy raro, siendo indiferente a propósito a mi hermana, ¡pero entonces es lo que ella quería!

Finalmente, un milagro verdadero ocurrió en el verano de 2002, y ella me habló por teléfono en una manera sin hielo y amistosa. Estuve bien sorprendido, y pude sentir que todo el coraje se le había pasado. Otra vez, esta vez más sinceramente, ella me dijo que me apreciaba por cuidar el rancho y nuestros padres.

En ese mismo año, 2002, ella escribió una canción "Josephine" dedicada a nuestra abuelita. Es una canción asombrosa que hizo más bien para nosotros que nos diéramos cuenta. La primera vez que yo y mis padres la escuchamos, estuvimos muy impresionados, y nos tocó emocionalmente. Escribí una nota a mi hermana felicitándole en su nueva canción y diciéndole que nuestra abuelita sería más que gustada – que sería sin palabras – y le deseé buena suerte en publicarla y promocionarla. Mi hermana estuvo muy sorprendida a mi nota de felicitación, y me dijo gracias.

Priscilla llegó al rancho en diciembre de 2002 y me saludó en una manera amistosa. Estuve sorprendido, y después de varios días pasaron, le enseñé su carta fría que me había mandado por correo electrónico en septiembre de 2000, y le pedí que la suprimiera, por favor. Quise asegurancia que pude comunicarme con ella sin esa espina en mi lado. Era entonces que ella pidió estar contado en este libro, y ella escribió la siguiente nota en la misma hoja de la carta imprimida: "Te perdono Roberto. Vamos a seguir de aquí en amistad. ¿Está bien? Dejando que esas condiciones vayan al pasado y acordándonos de respeto mutuo. Todo lo mejor, Priscilla." ¡Pues, aleluya! Milagros sí ocurren.

Es importante mencionar que de diciembre de 2002 adelante, mi papá ha sentido mucho gusto que mi hermana reconcilió conmigo. Harmonía entre la familia es muy importante para él. Se siente más elevado espiritualmente ahora, por lo cual me alegro.

En años recientes, estuve bien molesto con mi hermana por tener tanto coraje contra mí por lo que ocurrió tantos años en el pasado, pero ahora agradezco el milagro que ocurrió en el año 2002 que causó a mi hermana hacer lo que era más importante – *perdonar*.

Robert Sanders y Priscilla Sanders en la casa, 1972

Priscilla Sanders y Robert Sanders jugando, 1972

Priscilla Sanders y Robert Sanders, enero de 1977

La familia Sanders, verano de 1981

PART 3

PROYECTOS E INTERESES

Viajando

Desde que yo era niño, me ha gustado viajar. Cuando cumplí 16 años y ya pude manejar, empecé a viajar solo. Cuando yo tenía 18 años, yo viajaba al norte a Canadá para visitar con unos amigos en Toronto. En el verano de 1985, entre mi primer y segundo año de universidad, llevé mi vagoneta Ford Fairlane 1970 al oeste por siete semanas. Llevé mi bicicleta y mochila y disfruté mucho el viaje. Yo tenía 19 años y tuve que tomar todo el viaje solo, lo cual no exactamente era mi decisión. Yo había buscado sinceramente – aun puesto anuncios – por un compañero, pues una camarada, para tomar el viaje conmigo, pero nadie respondió. Caminé con mi mochila y acampé en varios parques y áreas de selva, y subí arriba de varias montañas. Tengo que admitir que me sentí solo a veces durante mi primer viaje para allá, pero me acostumbré. Desde entonces, he hecho algunos más viajes al oeste y a otras áreas y regiones de este país. También he visitado a Canadá y México.

Ahorré dinero durante la prepa y descansé un año de la universidad para trabajar y viajar. Volé a Australia y Nueva Zelanda y estuve allí por algunos meses durante *su* verano de 1985-1986. Otra vez, llevé mi bicicleta y mochila. En Australia también caminé en áreas selváticas, usando mapas topográficos y una brújula. Australia es un gran país, tan grande que también compré un carro para mi uso allí, lo cual vendí al fin de mi viaje. Tener un carro era conveniente por las carreteras y en las noches lo ocupé para dormir. En Nueva Zelanda, viajé mucho del tiempo en mi bicicleta y disfruté las vistas allí también. Hice algunos amigos en los dos países y todavía conozco a algunos hoy.

De 1986 para adelante, tomé el proyecto de caminar secciones de la vereda Pacific Crest Trail cada vez que fui a viajar en el oeste. Aunque no caminé toda la vereda en un temporal de cinco meses como algunos hacen, disfruté varias secciones de esa, y tengo algunas muy buenas fotos de las vistas excelentes en algunas áreas. También escribí los cuentos en un diario de mis caminatas, los cuales incluyen descripciones del terreno y las vistas, más los tipos de árboles y flores que vi. A veces encontré y conocí a gentes durante caminando, pero solo he podido mantener contacto con algunos pocos de ellos desde entonces.

63

Antes de mi último año de universidad, tomé otro año de descanso para trabajar y viajar. Regresé a Australia y Nueva Zelanda, y otra vez llevé mi bicicleta y mochila conmigo. Como hice cuatro años atrás, compré una vagoneta y la vendí antes de salir de allí. Estuvo bien para ver y explorar más de Australia y Nueva Zelanda, y me siento afortunado que lo pude hacer. También disfruté buscando y visitando con amigos que yo había conocido cuatro años atrás. También hice algunos nuevos amigos.

En años más recientes, he llevado mi bicicleta y mochila conmigo a Inglaterra y Escocia donde he ido caminando y acampando en algunos de sus veredas y paseos de derecho. El campo allí es bueno para andar en bicicleta, y he andado por días – aun semanas – por el campo de Inglaterra, acampando cada noche en ranchos o en bosques.

Viajar ha sido uno de mis cosas favoritas para hacer en mi vida, y he disfrutado también encontrar y asociar con la gente en esos viajes.

Robert Sanders hablando a un Bennetts Wallaby, enero de 1990

El Proyecto de Mis Paseos por Bicicleta

Cuando cumplí diez años, empecé a andar por bicicleta en los caminos rurales locales en el ejido donde todavía vivo hoy. Disfruté irme de paseo en los caminos que pasan los ranchos. Cuando tuve once años, tomé la decisión de empezar un proyecto de ir por bicicleta en *todos* los caminos rurales y carreteras en la porción sur oeste del ejido. Mis deseos fuertes para explorar y mi minuciosidad me hicieron cumplir todo el proyecto. En fines de semanas seleccionadas, escogí caminos ciertos e hice varios viajes con mi bicicleta. En esos días, los últimos años de los 1970s, más que la mitad de los caminos en el ejido eran de grava. Desde 1990, todos con excepción de muy pocos de esos caminos ya son pavimentados. Yo tenía un mapa del ejido colgado en mi recamara, y yo marcaba los caminos que cumplí en el mapa con un plumón rojo.

Me acuerdo una tienda favorita de abarrotes llamado Versailles Grocery donde llegué muchas veces. Estuvo manejado por una buena mujer llamado la Señora Carlton. Ella preparaba almuerzo de medio día por varias gentes. La tienda de abarrotes estuvo situado en un área montañosa del ejido, y en varias ocasiones amigos me acompañaban con bicicletas para visitar allí.

Un día, me fui por bicicleta a un lugar llamado Newtown, y me pescó una llovida dura. Por resultado, tuve que llamar por teléfono a mis padres para venir por mí. Desde tuve que estar recogido en el lugar de regresar a mi casa en mi bicicleta, esos caminos no contaron, y tuve que irme por bicicleta allí otra vez en un mejor día para corregir el día de lluvia.

Para cuando yo tenía trece años, yo había cumplido mi proyecto, aun alcanzando y cubriendo todos los caminos rurales en el otro lado de Eagleville. Entonces la próxima cosa que hice fue aumentar mi proyecto para incluir todos los caminos rurales al este de la porción suroeste; eso es, la porción entera sureste de la región del ejido. Cubrí todos los caminos entre una radio de 15 a 22 millas, dependiendo en la dirección de mi casa. Yo tenía 15½ años cuando hice mi viaje final para cumplir los caminos más lejos al este – algunos de ellos hasta 22 millas de mi casa en un pueblito llamado Readyville. ¡Algunos dos de esos paseos llegaron a ser 90 millas de largo! También cubrí algunos de los caminos en la porción noroeste del ejido.

En adición a ese proyecto mayor, decidí irme en mi bicicleta, ir y vuelta, a la casa de mis abuelitos en Crossville 100 millas lejos. Alcancé mi meta, llegando allí 8 horas y 25 minutos después de salir de mi casa. Mis abuelitos estuvieron sentados en el solar enfrente de su casa al momento que llegué, y mi abuelita ya cuando me vio comentó, "¡Pues que milagro!" Ambos mi abuelo y mi abuelita estuvieron impresionados, y mi abuelo me felicitó por decirme que yo era muy inteligente por haber podido irme en bicicleta toda esa distancia. Descansé allí el segundo día y regresé a mi casa en mi bicicleta en el tercer día. Era un gran viaje y me acordé como algunas gentes antes me habían dicho que no sería posible – que mis piernas no aguantarían un viaje tan largo. ¡Me dio mucho gusto haberles probado equivocados sobre eso! Para decir otra cosa asombrosa, todo eso hice en una bicicleta de solo un cambio. Después finalmente compré una bicicleta con cambios cuando cumplí 18 años.

Robert Sanders y Lewis Collins en sus bicicletas, septiembre de 1979

Radio DXing

Cuando yo tenía nueve años empecé a escuchar a la radio. Es importante mencionar que mientras me gustó el ambiente callado mucho del tiempo, también había veces cuando me gustó escuchar a la radio, especialmente la banda AM. Yo disfrutaba pescar estaciones de ciudades lejos, y conservé una libreta con los detalles de todas las estaciones que pude recibir. En otras palabras, yo era un DXero. DXing es un pasatiempo de tratar de recibir tantas estaciones como posible y guardando récordes detallados de todas las recepciones en una libreta. La estación más lejos que recibí en AM era KSL de la ciudad Salt Lake, Utah. Nunca pude recibir ninguna estación de California.

Mi estación favorita en esos días era Musicaradio WLS 890 de

Chicago, Illinois. Ellos tocaron muchas canciones Pop, y me gustaron muchas de esas canciones, especialmente de los 1970s y 1980s. Tengo una colección de discos de esos días. Claro que sí, estuve esforzado a cambiarme a los CDs cuando las compañías dejaron de fabricar discos vinil como el año 1990. Me gustó escuchar a los locutores: John Landecker y Larry Lujack. John hizo una programa chistoso llamado "WLS Boogie Check" cada noche más o menos a las 9:30 PM cuando la gente le hablaban por teléfono, y en ocasión hizo otra programa llamado "Can I Get a Witness News" (Puedo Conseguir un Testigo Noticias). Él hizo preguntas a varias gentes famosas, y sus respuestas siempre eran extractos de grabaciones de gentes famosas. ¡Era muy chistoso! Larry Lujack hizo un programa chistoso llamado "Show Biz Report" cada mañana como a las 7:30 AM.

Empecé a ser un DXero en tercer grado, e hice más DXing en quinto grado. Mis padres me regalaron una radio de 10 bandas hecho por GE, lo cual todavía está en buenas condiciones. Con esa radio, recibí muchas más estaciones, las cuales apunté en mi libreta. Cuando el verano llegó, me retiré de DXing y no volví a ese pasatiempo hasta que estuve en séptimo grado. Otra vez, apunté muchas más estaciones en mi libreta por más estaciones que recibí. Para entonces yo tenía una lista bastante grande. Después de séptimo grado, ya no he hecho más cosas con el DXing.

Para los medios de los 1980s, muchas estaciones como WLS dejaron de ser canal claro, y muchas más estaciones estuvieron puestos por permiso del FCC. ¡Estoy disgustado por la sobre carga de estaciones en la banda AM! Atrás en 1979, cuando visité por la primera vez a California, actualmente recibí la estación WLS, y también WWL de New Orleáns, pero ese tipo de fenómeno ya no es posible. Uno puede ver los rasgos de un alto funcionando Asperger's por todos las anotaciones detalladas de DXing que yo tenía guardadas en mi libreta.

En una manera, yo escuchando a la radio era una seña de mis deseos para comunicar.

Había un beneficio positivo que realmente vino de mi pasatiempo de DXing en la radio. Cuando yo estaba en quinto grado, yo escribía cartas a algunos 50 estaciones de radio por todo el país, preguntándoles ¿cómo habían conseguido sus letras? y también ¿qué era el lugar más lejos de donde habían recibido una carta de recepción? Muchos de ellos respondieron. WLIJ, una estación de 1,000 watts del próximo pueblo Shelbyville, Tennessee actualmente me mandaron una copia de su carta más lejos que habían recibido, una carta larga y detallada de Toronto,

Ontario en Canadá. Escribí al muchacho que les había mandado la carta, y llegamos a ser amigos escritores de DXing, y después amigos escritores normales ya cuando pusimos a un lado los intereses de DXing. Él y su familia son los amigos que fui a visitar después de escuela prepa cuando yo tenía 18 años. Algunos de sus primos también estuvieron visitando, y fuimos caminando en uno de los parques provinciales. Todavía le conozco a él y su familia y son buenas gentes.

El Proyecto del Cuarto de Troncos

Desde que yo tenía diez años, yo había querido construir un cuarto de troncos en el bosque de 90 acres en el rancho. Estuve pasando tiempo en el bosque durante muchas tardes. Muchas veces mi perro "Puppy" me acompañó allí. Yo le había encontrado cuando era cachorro cerca de la casa de mis abuelitos cuando estuve en segundo grado. Yo y mi perro anduvimos en muchos lugares del rancho cuando estuve creciendo. De vez en cuando acampábamos en el bosque. Yo tenía mi perro por 15 años.

Robert Sanders, el día que encontró su perro, 1974

Limpié algunas veredas en el bosque, mientras pensando sobre el cuarto y planeando maneras de construirlo. Un día cuando buscando un lugar por mi cuarto llegué a un cresto que pareció perfecto. Dos años después, cuando yo tenía doce años, yo tenía quitados unos árboles de Nogal que estuvieron creciendo exactamente ya mero donde lo construiría. (Todavía yo era demasiado joven para usar la motosierra.) Dejé puestos todos los otros árboles, y son muy buenos para dar sombra.

Finalmente durante mi segundo año en la escuela prepa empecé mi proyecto. Mis padres me dijeron que yo no sería capaz de hacerlo, pero les probé equivocados en eso, y empecé a construir el cuarto de troncos. Coseché 77 árboles de Cedro, algunos de 12 pies de largo y otros de 17 pies, y estiré cada tronco arriba al cresto por la vereda ocupando mecates y troncos rodantes para facilitar el trabajo. Usando un motosierra corté ranuras en cada tronco y los ensamblé. Mi papá vino un día y vio mi progreso. Estuvo bastante sorprendido en que rápido el cuarto se estuvo formando. También instalé un desván arriba del cuarto, y lo tapé con techo de lámina. Me quedé satisfecho después de terminar la construcción – un cuarto de troncos para disfrutar. Era un buen lugar para escaparme de todo y estuvo bien escondido en el bosque.

Robert Sanders, sus padres, y su hermana, en el cuarto de troncos, 1982

Más tarde en ese año, amigos míos vinieron a visitar, y otros amigos de mis padres y familiares también visitaron el cuarto de troncos. Muchos de ellos estuvieron impresionados. Algunas veces amigos de la escuela prepa llegaban un sábado y dormíamos en mi cuarto. Aun unos pocos amigos de la universidad vinieron en ocasión y nos dormíamos allí también.

Aun instalé servicio telefónico en mi cuarto, por correr alambre equismilitar bajo de la tierra y por el suelo del bosque para alcanzar mi cuarto casi un kilómetro afuera de mi casa en el rancho. Mis padres tuvieron dos teléfonos magnetos militares, y mis amigos y yo les hablábamos con esos aparatos. Más, todavía tuvimos el primero teléfono original de la casa del rancho, un teléfono magneto hecho de madera. Compré unas baterías secas de 1.5 voltios y conecté el teléfono al sistema con los dos teléfonos militares. Eso es actualmente cuando mi interés en teléfonos empezó, y uno puede ver que en una manera estuve mostrando un deseo para comunicar. El cuarto todavía está puesto, más que 20 años después, y todavía voy allí para disfrutarlo a veces. Mis veredas todavía están puestas, y las mantengo cada año.

Guardando Récordes Detallados

Hay muchas veces durante mi vida cuando he guardado récordes detallados – por ejemplo durante el periodo de DXing en la radio. Ya he mencionado como guardé cuentos de diarios detallados de mis caminatas en las veredas. Esos no solo incluyen mis caminatas en la vereda Pacific Crest Trail, pero también los otros caminatas mayores que he hecho, por ejemplo: la vereda Alpine Walking Track en las montañas del sureste de Australia, la caminata en el parque Cradle Mountain-Lake St. Clair en Tasmania, y también la caminata en la vereda Pennine Way en el norte de Inglaterra.

Durante mis viajes he tomado muchas fotos buenas de la naturaleza, y tengo mis fotos de mis viajes en mis libros álbumes. Algunas de mis mejores fotos están aumentadas y las tengo colgando en las paredes en mi casa. En mis primeros viajes, yo usaba una cámara Voigtländer, pero ahora casi siempre uso un Olympus OM-1. Las dos cámaras toman muy buenas fotos y muy claras.

Cuando empecé a caminar con mochila, no tuve ninguna lista de lo que llevar, y casi siempre se me olvidó llevar algo conmigo. Pues, en el verano de 1986, llevé todo, y cuando terminé esa caminata, decidí inventariar *todas* las cosas en la mochila, incluyendo la comida que llevé conmigo. La lista me sirvió muy bien en el futuro y me ha salvado tiempo en tener que acordarme llevar todas las cosas.

Cuando yo era un niño y adolescente, yo tenía una libreta donde escribí mis sueños por varios años. Luego dejé de hacer eso. En el otoño de 1992, empecé a escribir mis sueños otra vez, y he estado apuntando mis sueños desde entonces. Teniendo un record escrito de mis sueños me ayuda en analizar mi vida mejor. Más, los sueños me ayudan en suplicarme ideas que incluyo en mis novelas.

Más tarde voy a hablar sobre el proyecto de los álbumes de fotos de familia donde ustedes van a realizar como he guardado récordes genealógicos detallados. También guardo una lista completa de las direcciones y números telefónicos de mis amigos y familiares, con copias de esos datos en otro edificio para que no se pierda. Para mí, tener amigos y familiares es importante. Perteneciendo a amistades, he escrito historietas detalladas acerca de mis amistades con algunos de mis mejores amigos. Parte de la razón que hice eso era para ayudarme ganar un mejor entendimiento de amistades y como funcionan. Desde 1997, por la mayor parte he dejado de hacer eso porque consumó mucho tiempo.

Empezando en 1983, cuando compré mi primer carro, la vagoneta Ford Fairlane 1970, llegué a tener más conocimiento de vagonetas con tres cambios estándar en la columna. Era raro que vi uno en el camino. Entonces empecé a guardar una lista donde apunté cada avistar, incluyendo el modelo del carro y el año. Algunos tipos de vagonetas con los tres cambios en la columna me sorprendieron. Algunas de los más sorprendentes eran una vagoneta Ford Country Sedan 1974, y una vagoneta AMC Matador de sea 1975. La razón porque esos dos me sorprendieron tanto era que yo pensaba que todos esos modelos salieron con puro automático. Para los primeros de los 1990s, yo tenía una lista de algunos 30 avistares. Vagonetas con tres cambios eran algo raro en los Estados Unidos, pero en Australia y Nueva Zelanda son bastante comunes.

Cuando estuve en Australia y Nueva Zelanda, tomé fotos de todos los tipos de carros de los modelos comunes. En verdad tomé más que 100 fotos, y compilé libros álbumes de aquellos carros. Algunos amigos que han mirado a mis álbumes han estado impresionados por como detalloso yo era en compilarlos.

También en Australia, guardé un libro detallado de mis gastos, para que yo supiera exactamente cuanto cuesta un viaje largo como esa. Aunque casi nunca consulto esa libreta, es bueno para tener los récordes a caso de alguien me pregunte cuanto cuesta un viaje así. Tengo apuntados mis gastos de negocio en la misma manera, y tengo un record minucioso cuando reporto mis ganancias cada año para los impuestos.

Perteneciendo a escuela, guardé todas mis tareas escritas. Aun saqué fotocopias, por mi propio uso no más, de toda la música que tocabamos cuando estuve en la banda, ambos en la secundaria y la escuela prepa. Dos cajones grandes en el ático contienen todas las tareas que hice, uno por la escuela prepa y la otra por la universidad. Colecioné todos mis libros textos también. No los vendí usados como casi todos estudiantes. Después de todo, yo tal vez tuviera una necesidad por ellos por referencia futura mientras en la escuela, o tal vez en mi trabajo después de graduarme.

En escuela prepa, era una tradición que los compañeros consiguieran firmas en los anuarios. Yo me hice seguro conseguir firmas y notas de todos mis amigos y de todos que conocí. Cuando llegué a universidad, todos me dijeron que no era normal coleccionar firmas en el libro anuario. Eso no se hacía en la universidad. Expliqué que quise acordarme de quienes eran mis amigos, y colecioné muchas firmas y notas. Todos menos un hombre acomodaron lo que quise. Es bueno mirar atrás a esos anuarios y recordarme de los amigos que yo tenía en esos días. ¿Sabes qué? ¡Yo fui el *único* que no hice caso a lo normal y conseguí como quiera las firmas anuarios de todos mis amigos!

Hablando de universidad, cuando llegué para empezar mi primer año, casi no había nadie allí que había ido a la escuela prepa conmigo. Para ayudarme aprender los nombres de todos mis nuevos amigos, yo tenía una lista detallada de los nombres de todos que encontré, incluyendo cuando y donde conocí la primera vez a cada persona.

En un libro llamado *Diagnosing Jefferson* (Diagnosticando Jefferson), escrito por Norm Ledgin, me di cuenta como el presidente Thomas Jefferson tenía muchos rasgos de síndrome de Asperger's. Él también guardó récordes exactos y minuciosos de sus gastos, hasta cada centavo. Le gustó quedarse con lo mismo; eso es, resistió cambio. También estuvo obsesido con terminar todos los detalles de su casa, Monticello, más otros rasgos. En muchas maneras, Jefferson era un genio.

Hay otras maneras que yo también guardo récordes detallados, como el lector se va a dar cuenta mientras leyendo otros tópicos de este libro.

El Proyecto de la Vagoneta Ford LTD

Por algunos años mientras estuve en la universidad, yo tenía una obsesión de poner una transmisión estándar en una vagoneta de modelo más recién, un Ford LTD Crown Victoria. Me había molestado por bastante rato que casi todos los carros americanos de medio tamaño, y todos los carros de tamaño grande después de 1970, salieron con transmisiones automáticas mandatorio (obligatorio de la fábrica), con excepción de camionetas pickups, vans, y algunas suburbans. Uno ni siquiera pudo ordenar una vagoneta grande con transmisión estándar.

Pues, cuando salí de escuela, corregí esa situación, ¡a lo menos por mi propio uso! Compré una vagoneta Ford LTD Crown Victoria del modelo 1980 e instalé un motor línea 6-240 y una transmisión manual de 4 cambios de una camioneta pick up. El proyecto llegó a ser bastante detalloso, especialmente con la instalación de los pedales de cloutch y freno, y tener que fabricar los fierros y varillas del cloutch y los tacones para recibir el motor, y la necesidad de medir las cosas muy exactos. Aun unas partes tuvieron que estar soldados. El proyecto era un éxito. He manejado ese carro en viajes muy largos, en total más que 100,000 millas.

Ese era un proyecto grande que requirió tenacidad y paciencia y era otro triunfo. Muestra como empiezo un proyecto y lo hago hasta que está cumplido. Uno puede observar que en un sentido estuve obsesido con tener una transmisión estándar en un carro que nunca llevaba esa opción. La verdad que pude coplar ese motor de 6 cilindros era un triunfo en su propio. ¡Ningun Ford LTD Crown Victoria salió de la fábrica con un motor línea 6, ni con transmisión estándar!

Mi primer carro, que todavía tengo, es un Ford Fairlane vagoneta de modelo 1970, con transmisión estándar de la fabrica. Mientras lo conservé y todavía lo uso a veces, acepté cambio para poder comprar un carro más nuevo por viajes largos, pero no me gustan automáticos. Ni siquiera manejé el LTD Crown Victoria hasta que ya lo había convertido a estándar. Para explicar, es que no quise empezar equivocado por manejarlo la primera vez automático. En otras palabras, lo quise hacer correcto la primera vez. Antes de manejarlo, tuve que poner a mi carro las opciones que me gustaron, lo cual hice la realidad. Un amigo mío llevó el LTD Crown Victoria por mí a mi casa cuando lo compré, y es él que lo estacionó en el patio de cemento que tenemos afuera del solar donde empecé el proceso de convertirlo.

Después de terminé el proyecto, junté y compilé todas mis notas de remisión, y escribí una lista detallada de todos mis gastos, para que yo supiera exactamente lo que el proyecto me costó. Más, escribí un cuento completo de todos los procedimientos que estuvieron hechos para convertir el carro a estándar. Me siento satisfecho que tengo un carro único, con un motor más sencillo y carburador normal – no fuel injección ni computadora. Mi carro es más facil para arreglar, lo cual es mejor por viajes largos.

Coleccionando Cosas

Mucha gente les gusta coleccionar cosas, por ejemplo monedas, cucharitas, piedras y fósiles. Me gusta coleccionar muchas de esas cosas también. Aun yo coleccionaba mi propio pelo por varios años cada vez después de cortar mi pelo. Todavía colecciono cosas, y las piedras y fósiles son unos de ellos. También hay unas cosas únicas que colecciono, los cuales son teléfonos viejos, cómicos de periódico y aun árboles y las semillas de árboles.

Desde que yo tenía ocho años llegué a ser interesado en los fósiles, y yo coleccionaba dientes negros fosilizados de los tiburones en la playa de Sur Carolina. Mi familia me llevaba cada verano a Pawley's Island, Sur Carolina donde pasamos una semana cada vez, y en adición a nadar en el mar y caminar y correr en la playa, pasé tiempo buscando los dientes de tiburones en los depósitos de caracoles quebrados. Llegué a ser muy bueno en buscarlos, y encontré y coleccioné otros tipos de fósiles también. Yo tenía todo contado de cuantos dientes encontré cada día, y cada año. Algunos años encontré pocos y en otros años encontré muchos, a veces más que mil. Todo dependió en como era el clima durante el invierno anterior, que si fuera calmado o duro. Lo más duro era, más dientes de tiburones encontré. Durante los años 1974 a 1992, encontré más que 5,000 dientes de tiburones. Los tengo guardados en botecitos equis-medicina, cada uno marcado con el año que fueron encontrados y cuantos hay.

También empecé a buscar y coleccionar fósiles en el suelo de nuestro riachuelo en nuestro rancho en Tennessee. No había dientes de tiburones allí, pero había otros tipos de fósiles, incluyendo los Vástagos de Crinoid (localmente llamado dinero de indio). Me acuerdo atrás en sexto grado cuando mis compañeros y yo estuvimos en Land Between the Lakes en Kentucky. Desde los cuartos estuvieron puestos cerca de la orilla del lago, descubrí que había muchos Vástagos de Crinoid. Entonces empecé a coleccionarlos. Realicé que pude encontrar hasta una cantidad de 100, y lo hice un proyecto para alcanzar ese número antes de regresarnos a Murfreesboro. Pues la última mañana llegó, y yo había encontrado solo 93 de ellos. Solo me faltaban 7. Entonces, al despecho de las reglas que no debiéramos haber salido al lago tan temprano en la mañana, me fui como quiera para poder encontrar y coleccionar 7 más Vástagos de Crinoid, para alcanzar mis requisitos. Cogí el centésimo ya mero cuando uno de los maestros me pescó y me informó que yo había infraccionado una regla. Era el maestro que yo tenía en quinto grado, e hice seguro para *no* pedir disculpas a él. No me castigaron, como ya era el tiempo para regresar a

Murfreesboro, y también desde mi papá estuvo allí con nosotros toda la semana. Mi papá entendió mi obsesión sobre encontrar 100 Vástagos de Crinoid. Él explicó eso al maestro, quien entonces entendió la razón porque infraccioné la regla.

Cuando yo tenía nueve años, empecé a coleccionar la edición de domingo de las historietas cómicas de Dagwood (*Blondie*) (sabido como *Pepito* en español). Esa era mi historieta cómica favorita y todavía es. Siempre hago seguro que la leo primero. Bueno, coleccioné cada edición de domingo por quince años. Al fin de cada año, yo grapaba las 52 páginas juntas, pero siempre era demasiado grueso por grapadoras convencionales, entonces con mucho cuidado agujeré en la margen izquierdo con una pica hielo y luego las amarré con alambre. En el otoño de 1986, las cómicas del periódico *Nashville Tennesssean* cambió su forma de estilo de repente, y Dagwood ya no estuvo en la página frente, ¡lo cual me disgustó! Para los últimos años de los 1980s, estuvo llegando a ser demasiado detalloso para seguir coleccionando las historietas cómicas de Dagwood. Estuve afuera en universidad para entonces y también estuve viajando a veces. Entonces decidí de dejar coleccionando esas historietas. El fin de 1989 era un buen tiempo para pararlo. Como quiera es bueno haber coleccionado quince años de Dagwood (Pepito).

También me gusta coleccionar placas viejas de vehículos que encuentro en los yonkes de carro. Algunos yonkes me las dan y otros me las venden. Amigos y familiares también me han regalado sus placas vencidas. He coleccionado placas de todos 50 estados.

Cuando empecé a viajar por mi solo en edad de 17 años, empecé a coleccionar piedras de cada lugar de interés donde visité, que sea una playa, un lugar histórico, una vereda en la selva, o un pico de montaña. Ahora tengo una buena colección de piedras de lugares lejos. Algunas de mis piedras están almacenadas en cajas, pero mis mejores especimenes están puestos en gabinetes con anaqueles en mi casa.

Coleccionando Teléfonos Viejos

En adición a piedras y fósiles, también me gusta coleccionar aparatos viejos de teléfonos. He juntado una buena colección de teléfonos rotarios, y también algunos teléfonos magnetos. Muchos de mis teléfonos son de otros países, y tengo muchos países representados. Mientras viajando en otros países, he visitado las compañías telefónicas y las centrales telefónicas también donde he pedido teléfonos rotarios viejos por uso futuro en un museo. La mayor parte de las compañías me han acomodado bien, por lo cual les agradezco. Aprecio teléfonos viejos en un tiempo de tecnología tan moderna, y todavía uso teléfonos rotarios para hacer llamadas. (Tengo un teléfono de tonos próximo de mi teléfono rotario para poder contestar todas las molestias de máquinas automáticas con sus selecciones de menús.) Es mi intención para construir un museo de teléfonos en el futuro.

Para mostrar un ejemplo de como soy único en coleccionar teléfonos viejos, cuando yo estaba en Nueva Zelanda en 1986, me di cuenta que muchos pueblos en esos días (ya no) tenían centrales manuales que requisieron operadores para conectar todas llamadas. Para ser específico, Kaikoura con una población de 3,000 gentes tenía una central manual con nueve operadores. Los teléfonos fueron hechos de baquelita negra, y cada aparato tenía una manivela. En enero del próximo año, escribí una carta a los Correos de Nueva Zelanda (NZPO), lo cual también en esos días incluía la compañía de teléfonos, y pregunté acerca de la posibilidad de que ellos me vendieran algunos aparatos telefónicos con la manivela. El jefe de los correos en Kaikoura me respondió por correo y me informó que Kaikoura había convertido a una central automático el 15 de octubre de 1986, y que ellos estuvieron vendiendo los aparatos quitados por NZ $2 cada uno (dinero Nueva Zelandés). Le respondí y le mandé el dinero efectivo para comprar tres aparatos, lo cual incluyendo el costo de correos sumó a unos US $60. Ya cuando recibió mi dinero el jefe de correos me mandó los teléfonos por correo del mar.

Algunos años después, yo estaba viajando en Nueva Zelanda otra vez, y cuando pasé por el pueblo de Kaikoura, entré en la oficina de correos. El jefe de correos todavía estuvo allí, y le dije gracias personalmente por haber acomodado mi pedido por como me vendió y mandó esos teléfonos magnetos. Le dije que fueron bien apreciados. Me echó una sorpresa por decirme que yo fui el *único* americano que había correspondido con él y que había ordenado teléfonos magnetos.

¡¿Lo único?! Yo tenía un momento de realización acerca de como único soy yo. Es que yo había presumido que habría sido por lo menos diez o veinte coleccionistas americanas que cierto habrían ordenado teléfonos magnetos de Kaikoura. Claro que había bastantes otros pueblos en Nueva Zelanda con centrales manuales en esos días, y tal vez un americano pudiera haber conseguido sea uno o dos teléfonos así de ellos. Mientras pienso más sobre eso, es muy probable que soy el *único* americano que consiguió teléfonos magnetos de Nueva Zelanda, a todo.

Para el año 1990, Nueva Zelanda estuvo vendiendo muchos teléfonos rotarios también, algunos de ellos el GEC 332, el estilo inglés baquelita, versiones para la mesa y para la pared. Servicio de tono marcar era la cosa más querida, y pueblos estuvieron convirtiendo a ese sistema tan rápido que posible. Compré y mandé por correo del mar varios muy buenos teléfonos, los cuales son bien apreciados en mi colección. ¡Lo que Nueva Zelanda estuvo tirando, yo estuve atesorando!

Coleccionando teléfonos para mí ha sido un buen pasatiempo, y me gusta comparar los estilos de los teléfonos de diferentes países. Más, teléfonos representan comunicación, lo cual es algo que siempre he creído en hacer. También guardo una lista de inventario completo de cada tipo de teléfono que tengo. No solo he coleccionado teléfonos, también he coleccionado parte de una central electromecánica de teléfonos, tipo paso por paso. Eso fue en 1995, cuando algunos pueblos en el estado de Georgia estuvieron convirtiendo sus centrales telefónicas a digital. Traté de comprar el equipo de su compañía de teléfonos local, pero la burocracia y cinta roja eran tan complicadas que no estuvieron permitidos venderme el equipo. Entonces pasié su sistema y hablé con la gente que desarman el equipo telefónico viejo, y ellos eran aparte de la compañía de teléfonos. Fueron esas gentes que me acomodaron y me vendieron lo que yo quería de cada tipo de Strowger conectador (20 de cada uno), más el equipo adicional necesario para que funcione la central. El equipo de desarmeros me "emplearon" como si yo fuera uno de sus trabajadores, lo cual lo hizo posible que yo me entre en la central para ayudarles en quitar el equipo. Eso fue brillante. Estuve con ellos dos días cortando alambres y con mucho cuidado removiendo los Strowger conectadores, parrillas, y otros componentes. Los puse dentro de una traila U-Haul que yo había rentado por el trabajo. Me alegro que pude obtener ese equipo, lo cual tengo planes de instalar en el museo de teléfonos que quiero hacer.

Coleccionando Árboles

Me gusta coleccionar y transplantar árboles y sembrar semillas también. Desde que yo era un niño, he estado interesado en los árboles de este mundo. Desde edad ocho, he sabido los nombres de los árboles aun con las hojas quitados en invierno.

Árboles son milagros que representan vida. Hay miles de variedades de árboles. Crecen en muchos tipos diferentes ambientes aquí en mundo Tierra, y ellos cubren mucho de la superficie del terreno. Ellos dan vida por proveer oxígeno a todos los animales y humanos. También purifican el aire, mantienen la estabilidad de agua subterránea, y proveen sombra del sol. Muchos árboles nos proveen con comida y/o usos medicinales.

Árboles paralelan los ciclos de vida de los humanos. Nacen, crecen a madurés, dan su fruta, y eventualmente mueren. Acompañan a los humanos por como crecen por todos los bosques y jardines. Árboles no son condicionales como muchos humanos son. Árboles también no son como humanos en que no pelean, no abusan, no amenazan, no rechazan, no asaltan, y no son agresivos. Con árboles, nadie tiene que preocuparse por dinámicos complejos de la familia ni problemas. Para ser un árbol en el bosque, una existencia tranquila.

Mientras no quité plantas de parques nacionales, he sacado árboles de las orillas de caminos y otros lugares, y los he mandado por correo a mi casa. He mandado a mi casa muchas variedades de árboles y algunos de ellos sobrevivieron y crecieron, mientras otros murieron. A este día tengo numerosos Cedros Rojos del oeste de EUA (estado de Washington). Crecen muy bien en Tennessee. Tengo un Hallarín, lo cual también es de Washington, y tengo un Cedro Incenso del sur oeste de Oregon. De todos los coniferos que tengo, ese crece más rápido. También tengo un Pino Ponderosa de Idaho.

Árboles que yo solo tenía por pocos años son los siguientes: Western Hemlock (Abeto del Canadá), Western White (Pino Blanco Oeste), Secoya Gigante, y el Larch (Pino Cascalbo). Lo siento que el Secoya Gigante no podía. No le gusta el clima de Tennessee ni el suelo. Como quiera tengo algunos Secoyas del mar en macetas para que los pueda meter por dentro cada invierno.

Tengo un Balsam Oyamel del norte de Minnesota. Ahora mide 15 pies. Lo he tenido por 20 años desde me lo traje como un retoño guardado en un cajoncito de anzuelos de un viaje allí con los Boy Scouts en 1984. Ha crecido muy bien. Aunque no es creíble, los Fraser Oyameles del este de Tennessee y Norte Carolina no pueden vivir aquí en el centro de Tennessee, pero el Balsam Oyamel sí. En 1984 también coleccioné un retoño de Castaño Americano de la montaña Mitchell en Norte Carolina. Me sorprendí para encontrar uno. Haz de decir que hay muchos retoños de árboles talados de estos, pero es muy raro ver un retoño solo que nació de semilla. Sobrevivió y ahora mide más que 20 pies. Tiene un tronco que mide como seis pulgadas y ha estado floreando por varios años recientes. Las semillas, sin embargo no han sido fértiles. Más recién he conseguido del mismo lugar un segundo retoño de Castaño Americana como un polinizador. Espero que sigan creciendo y algún día voy a sacar semillas de ellos.

Aun he coleccionado árboles y semillas de lugares lejos como Australia y Tasmania. He criado unos Ciprés-Pinos negros de Victoria, los cuales he regalado a gentes en California, México, y Florida, desde no aguantan el frió de Tennessee. He mandado a mi casa por correo varias semillas de varios lugares y he criado muchos tipos diferentes de árboles. Algunos crecieron muy bien, mientras otros nacieron muy apenas y murieron. Cuando estuve en Tasmania, fui a varias norserias y compré unos retoños de Pino King William y Pino Celery Top, y los mandé con éxito a mi casa en Tennessee. El Pino King William murió entre pocas semanas, y el Pino Celery Top creció despacito por siete o ocho meses y luego se murió. En toda manera coleccionando y cuidando por árboles ha sido uno de mis pasatiempos favoritos, y estoy agradecido que vivo en un rancho para tener espacio para sembrarlos.

*   *   *

Robert Sanders al base de un árbol Secoya Gigante, en California,
septiembre de 1998

PARTE 4

AMISTADES

Esta sección trata con una tema muy importante, especialmente por autísticos y Asperger's: la dificultad de ganar y conservar amistades. Incluyo historias de éxitos, pero también unas sagas y tribulaciones. También incluyo mis ideas, discernimientos, y especulaciones en esperanza que la gente sin esas condiciones vayan a entender mejor los problemas que gentes con autismo y Asperger's tienen con ganar y conservar amistades. También espero que los autísticos y Asperger's encontraran soluciones por sus propias situaciones de amistades en esta sección del libro.

Mis Padrinos

Me acuerdo un día cuando yo era un adolescente que mis padres me llevaron a Chattanooga donde visitamos con mis padrinos, Phemie y Marion Young. Ya cuando se acabó la visita y estuvimos subiendo en nuestro carro, mis padrinos nos despidieron simpáticamente. Marion tocó el cofre del carro con un gesto sincero y de amistad – su manera de despedir. Ya cuando estuvimos saliendo, mi mamá comentó que así son amistades verdaderas. Aprendí la verdad en ese día la definición de lo que son amigos verdaderos. En otras palabras, eso me dio un marco de referencia para saber y entender lo que amistad realmente es. Phemie y Marion eran amigos por toda la vida quienes nunca me rechazaron y nunca retiraron su mano de amistad. Ellos representaron amor y hospitalidad y siempre fui bienvenidos en su casa. Se han fallecido en años recientes, pero siempre estoy agradecido a ellos por su buena hospitalidad, y por ser mis padrinos.

Ideales de Amistad

Hoy vivimos en un día y época donde casi todas las amistades son muy afuera de ideal. Hay gentes que son hostiles y algunos que son rencorosos. La paz no existe en muchas partes del mundo, ni existe en todas familias. Presumo que mucha gente tienen deseos largos por paz y amistad, el tipo ideal, lo que mucha gente llamarían utopía. Mientras puede haber gentes que han alcanzado algo parecido a eso en este mundo, es muy probable que éste no es el caso por la mayor parte de la población humana. Muchas gentes son agresivas, y muchas son violentas. Aun países están metidos en guerras. Hasta donde estoy preocupado, éste es afrentoso, considerando que somos seres humanos – animales muy avanzados que tenemos facultades de razonar e inteligencia muy arriba de la mayor parte de las especies mamíferos. Por eso los humanos deben que saber como mantener paz entre ellos.

A veces he averiguado en como sería para tener una amistad ideal. Con un amigo ideal, puedes sentir 100% en paz y puedes sentir 100% a gusto en la presencia de él o ella. El amigo ideal te hace sentir bien. Pudieras sentir rejuvenecido cuando estás con él o ella. Un amigo ideal es 100% honesto y sincero, te invita a juntarte con él o ella en actividades, y disfruta tu compañía. Un amigo ideal te incluye bienvenido en su casa. Un amigo ideal te deja acercar, es cariñoso y asegurando a ti, te soporta y cuida por ti y tu buen estado. Él o ella es fiel, te aprecia, y se siente orgullo por ti y tus cumplimientos. Más que todo un amigo ideal se contenta para tener tu amistad.

Con un amigo ideal, no existen cosas como halar irse y retirarse con aborrecía. Después de todo, amigos verdaderos no se tratan así. Piénsalo. Amigos ideales no tienen malas emociones ni pleito. No hay cosas como mentir, evitar, vergüenza, hostilidad, agresividad, miedo, violencia, u otros rasgos negativos. Al contrario, hay 100% paz, amor, confianza, y amistad honesta.

A veces durante mi vida, he tenido sueños de estar con uno o más muy buenos amigos. Aunque no nos conocemos en la vida real, nos conocemos en el sueño. Nos hemos visitado y disfrutado nuestra compañía y hemos salido juntos para varios lugares. Con algunas de las personas de que he soñado, el sentido de paz y muy amistad es tremendo. A veces aun me acuerdo sus nombres después de despertarme, y siento como esos amigos son tan verdaderos que seguro debo que conocerles en la vida real, pero no. Me despierto verdaderamente extrañando en amigos como esos y deseo que realmente yo les conociera. Buenos sueños como esos me dan un deseo largo en buscar por amigos ideales, y encontrar ese tipo de paz, porque creo que existe.

Muchas gentes que son autísticos y/o tienen síndrome de Asperger's tienen más dificultad en ganar buenas amistades y amistades verdaderas, aunque sus intenciones usualmente son muy buenos. Normalmente tienen un sentido alto de lealtad a sus amigo, pero tienen varios rasgos e idiosincrasias, y no siempre saben lo que esperar en situaciones sociales. Por culpa de amistades siendo tan difícil para alcanzar, pienso que muchos autísticos y Asperger's tienen más deseos por amigos verdaderos que la mayor parte de otra gente. Han sufrido más perdidas y rechazos que la mayoría de la gente, entonces parece lógico que ellos tendrían más deseos para compensar por sus perdidas, por tener deseos aumentados por amigos verdaderos.

Mi idea de una sociedad ideal – una utopía – es que si ves alguien guapo o bonito, o amistoso, debes que poder arrimarte a esa persona, presentarte, y llegar a ser amigos, así tan sencillo. Al despecho, nosotros como una sociedad nos hemos dividido y nos hemos limitado a varias y tantas reglas sociales y rasgos sociales que impiden nuestra habilidad libre para hacer amigos. Piénsalo. ¿Cuánta vergüenza sientes cuando te estás arrimando a un desconocido en esfuerzos para hacer amigos con él o ella? ¿Se siente como si hay una barrera? En la mayor parte de los casos la verdad es que sí. Por ejemplo, para abrir la puerta a una amistad con esa persona, es probable que vas a tratar de fijar una manera para ganarla – una vereda astuta o una táctica tal vez, un sujeto único de que platicar, para poder romper el hielo y abrir esa puerta. Pues, no debe que tener que ser así. No debe que ser tan difícil. Al contrario debe que ser muy fácil y sincero. Por una sociedad verdaderamente avanzada e ideal, haciendo una amistad es fácil y sincero, y *no* hay barreras.

Personalmente, creo en vidas en otras planetas por toda la galaxia y el universo. Aun creo que hay muchas planetas con humanos o a lo menos humanos parecidos, muchos de que ciertos son más avanzados que nosotros somos en este mundo, y debido a eso estoy seguro que su cultura es más ideal y más bienvenida a amistades que las de nosotros en este mundo.

Tengo que admitir que ha habido muchas veces que he visto a alguien con quien inmediatamente sentí un deseo para ser amigos, pero por culpa de los rasgos sociales y barreras que existen en nuestra sociedad humana, no he podido arrimarme a esa persona. No pude fijar ni una vereda ni táctica, y no pude fijar un sujeto de que platicar. Perdí la oportunidad, la amistad potencial siempre perdido. Bueno, en algunos casos pude pensar en algo rápido para decir. En esos casos alcancé a abrir la puerta y sí llegamos a ser amigos. También hay unos pocos donde yo había perdido la oportunidad, pero estuve dado una segunda oportunidad, como vas a leer en algunos de los siguientes tópicos. Por esas recuperadas estoy agradecido.

Mientras nuestra sociedad avanza en las generaciones venideras, necesitamos quitar esas barreras sociales y las divisiones que existen en estos días. Oportunidades perdidas ocurren cada rato en nuestro mundo, y estoy seguro que algunas de esas oportunidades y amistades potenciales habrían sido muy importantes a esas gentes que las perdieron. Nadie va a saber la diferencia por lo mejor que esas amistades habrían hecho.

Quedándose en Sujetos, Pensando Repetidamente

Muchos Asperger's tienen la tendencia pegarse y quedarse en sujetos ciertos, y a veces yo también. Si estoy pensando sobre algo, puedo pensar en esa cosa por mucho rato o números veces al día. Eso se llama pensando repetidamente. A veces ando rumiando sobre cosas y necesito organizarlas y arreglarlas por hablar sobre esas algunas veces – lo que otros consideran "otra vez y otra vez". Algunas cosas son difíciles para soltar. Por ejemplo, puedo estar preocupado por un amigo por varias razones, o acerca de algo que hizo.

Lo que me he dado cuenta es que otra gente se fastidian rápido y se aburren con las cosas, especialmente hoy cuando las cosas mueven tan rápido. La gente se cansan rápido en platicar sobre la misma cosa más que una vez, y lo que hacen es ponerse impaciente y corajudo. Mucha gente no concentran en un problema bastante tiempo para resolver una solución, ni siquiera se fijan porque algo les está molestando, o porque algo curioso puede haber ocurrido.

Mientras la mayor parte de los clínicos con expertiso en Asperger's van a decir que quedándose pensando en sujetos ciertos cuenta como un negativo, no ando de acuerdo. Tengo el rasgo de quedarme con un proyecto bastante tiempo para verlo cumplido sin aburrirme. Un ejemplo es el proyecto de mi vagoneta Ford LTD. El trabajo que hice en ese LTD era fastidioso y tedioso, y casi toda la gente ni siquiera se habrían molestado tomar ese proyecto. Lo mismo es cierto con escribir novelas. Mucha gente les gusta leer una novela de volada, pero la verdad es que cuando *escribo* una novela, no puedo leerla más rápido que la velocidad en la cual la estoy escribiendo. Reconociendo que el trabajo es tedioso, es lo necesario para cumplirlo. Muchos buenos escritores potenciales, o sea los que pudieran ser escritores, no tienen la paciencia para quedarse con una historia al fin, porque para ellos para escribirla sería demasiado despacio. En mi caso, mi habilidad de quedarme con un sujeto claramente es un positivo.

Pensando repetidamente tiene otros beneficios. Desde puedo pensar acera de sujetos por periodos largos sin aburrirme, mi mente tiene más acceso a pensar más fondo acerca de esos sujetos. Encuentro que con pensamientos tentaciosos repetidos, las cosas que eran difíciles al principio para resolver eventualmente llegan a ser resueltos. Por ejemplo, tengo la percepción para resolver escenarios y conversaciones que ocurren atrás de mi espalda, si pienso sobre eso bastante tiempo. Eso es ayudable en llegar a conclusiones o razones porque ciertas gentes se han portado en maneras curiosas conmigo o han hecho algo mal a mí en una manera. Comportamiento misterioso me molesta, y usualmente puedo resolver el misterio por quedarme pensando en eso bastante tiempo para resolverlo, lo cual después puedo soltarlo y seguir con otra cosa. Para mí, así es como lo veo: está perfectamente bien para quedarse pensando en los mismos sujetos, aun si molesta hasta aburrimiento a otra gente sin síndrome de Asperger's. He encontrado este rasgo para ser un beneficio, en el lugar de perjuicio.

Fuerzas de Atracción, Consiguiendo Lo Que Deseo

En años pasados, hasta que yo tenía más o menos 27 años, sentí que yo podía causar unas cosas ciertas a ocurrir, especialmente perteneciendo a mis deseos de llegar a conocer unas personas particulares. Desde 1992, ésto ha ocurrido con mucho menos frecuencia que antes. Atribuyo este fenómeno a las fuerzas de la mente subconciencia. En mi caso, la habilidad para hacer eso se ha disminuido en los pocos años pasados. Puedo acordarme atrás a primer grado cuando yo "escogía" la gente que yo deseaba conocer, y casi sin fallar esos "escogidos" llegaban a ser mis mejores amigos. Lo que me parece es que yo ponía un deseo en moción mentalmente, y inconciensamente dejando que la energía haga su trabajo, mi mente subconciencia es lo que puso esas gentes en mi vida – como trayendo unas veredas a un entronque. Estuvo muy bien para conocer y ser amigos con la gente que yo deseaba conocer.

Aun durante mis años de universidad, el mismo fenómeno funciono. Me acuerdo haberme fijado en una persona durante mi tercer año en universidad. Entonces el próximo cuarto, estuvimos en la misma clase laboratorio, ¡y lo luego, a mi sorpresa estuvimos puesto juntos como compañeros de laboratorios!

Durante mi viaje a Australia y Nueva Zelanda, mientras estuve al par de la banca donde venden boletos listándome para subir un avión por un vuelo a Nueva Zelanda, hablé con un muchacho de mi edad que vivía en Dunedin. Inmediatamente tuve el deseo llegar a ser amigos con él, y después de haber hablado brevemente, él camino por el pasillo para subir al avión. Unos minutos después subí yo y cuando estuve buscando por mi asiento asignado, ¡estuve sorprendido que él había sido asignado al próximo asiento! ¡Estuvo sorprendido también. Llegamos a ser amigos, cambiamos direcciones, y más tarde visité con él y su familia cuando estuve en Nueva Zelanda. Todavía les conozco. Ellos me mandan tarjetas de navidad y calendarios. Les he mandado libros y regalos, y de vez en cuando les hablo por teléfono.

Cuando estuve viajando en Inglaterra en 1991, estuve yendo por tren una tarde. Había otro muchacho sentado en el otro lado de la mesa entre nosotros. Se pareció un poco familiar. Después de algunos minutos pasaron, sacó su libreta chequera y escribió un cheque a los ferrocarriles de British Rail. Decidí hacer conversación con él por preguntarle acerca del formato de los chequeros ingleses comparado a los chequeros americanos. Actualmente yo tenía como dos cheques limpios en mi cartera, y le enseñé uno de ellos. Él respondió con interés diciendo, "Eso es diferente." Eso abrió la puerta, y mientras estuvimos platicando sobre otros sujetos, me di cuenta que era una persona amistosa. Llegamos a Royston, y él bajó del tren, diciendo "Ten un buen día."

Ya se había bajado del tren, muy probable nunca para estar visto otra vez. Realmente yo deseaba haber llegado a ser amigos con él. Sentí que por una razón era importante. Yo deseaba que hubiéramos apuntado nuestras direcciones, pero entonces solo estuvimos en el tren juntos por media hora. Entonces de repente realicé que había una gracia salvando todo ésto. Me había fijado y acordado su nombre apellido que salió en la esquina de su cheque. Era un nombre raro. Pues por como soy tan ingenioso, fui a una biblioteca unos días después, y en las bibliotecas de Inglaterra, hay una repisa larga con todos los directorios telefónicos del país. (Los Estados Unidos no hace eso.) Busqué en el distrito de Cambridge, y con el ayudo de mi atlas de los caminos de Inglaterra, me fijé de un listado con ese nombre apellido que estuve buscando en un pueblito cerca de Royston. Apunté la dirección y número telefónico.

Algunas semanas después, cuando estuve pasando por bicicleta por esa región, decidí llegar a esa dirección para ver si estuvieron. Era un domingo, un día cuando era más probable que estuviera en casa. Llegué a la residencia y aprensivamente toqué la puerta. La puerta estuvo contestado, ¡seguramente por el mismo muchacho que yo había visto en el tren! Una apariencia de mucha sorpresa salió en su cara. Después de saludarme, me preguntó, "¿Cómo supiste donde encontrarme?"

Expliqué que habíamos mirado a nuestros cheques y mientras mirándolos, admití que me había fijado y acordado su nombre apellido y que el directorio telefónico me había ayudado con lo demás. Entonces nos presentamos diciendo nuestros nombres. Su nombre era Andrew. Con facilidad empezamos a platicar, y mi aprensión desapareció rápidamente. Salió afuera de la casa donde vio mi bicicleta y los panniers. Le mostré algunas fotos que yo traía de Tennessee. Pronto su papá se dio cuenta de nosotros y nos invitó para pasar la puerta y visitar atrás en el solar. Se presentó a mí y pronto conocí a él y su esposa y también el hermano más joven de Andrew.

Me quedé visitando con ellos por tres horas, y estuvo muy bien realmente. La familia era muy buena y me parece que disfrutaron la sorpresa de que un americano había llegado para visitar, que Andrew había conocido en el tren. También miramos a una programa en la televisión, *Bay Watch*, antes de salir. Tuve que salir antes se oscureció, para que yo pudiera encontrar donde acamparme. Ellos se alegraron que llegué con ellos para visitar y me despidieron diciendo chistosamente, "Maneje tú en la izquierda." Para mí, sentí un buen sentido de cumplimiento y me quedé satisfecho en haber hecho esos nuevos amigos. Todavía les conozco a este día, y les hablo por teléfono de vez en cuando para ver como ellos están.

Un año después en 1992, vi un muchacho en la tienda Sears, quien me ayudó subir a mi camioneta unos aparatos de aire acondicionado. Sentí que quise ser amigos con él, y averigüé como en el mundo iba a ser posible conocer a él. Pues, seis años después, cuando estuve buscando por una artista para hacer los dibujos de mis segunda novela de ciencia ficción, sentí (o instintos me dijeron) para hablar con alguien que conocí que estuvo trabajando en un mercado de una esquina allí en el pueblo. Pregunté a esa persona si él conociera a una artista para hacer los dibujos para mí. Me dio un nombre y un número. Llamé a esa persona, pusimos un acuerdo donde encontrarnos, y le empleé. No solo hizo un trabajo excelente en los dibujos para mi novela, ¡también era la misma persona que yo había visto en la tienda Sears seis años atrás!

En el verano de 1995, estuve sacando copias en una tienda mueblería en Nashville. Me di cuenta, pues me fijé en un muchacho que pareció familiar. De repente sentí un deseo para ser su amigo, ¿pero cómo en el mundo yo iba a conocer a un desconocido en Nashville? ¿Cuál conexión habría? Pues lo luego un año después, estuve presentado a él por mi amigo mío de mucho tiempo, Roger Schultz, ¡que era su vecino al lado! ¡Estuve bastante sorprendido! Lea la anécdota, *La Amistad "Frustrada" con Chip*.

Esas tipas de experiencias hacen que la vida sea un fenómeno interesante – específicamente de como algunas gentes están puestos parecemente en mi vida, tal vez por el destino. Esas tipas de experiencias que llamo coincidencias y sincronicidades han ocurrido con varias gentes que he conocido. Algunos son parecidos a las experiencias que ya he explicado.

Para mí, todo eso llega a decir que esos fenómenos especiales – esas fuerzas de atracción – los cuales en años recientes no han ocurrido tan frecuentemente, son características de muchos Asperger's alto funcionando. Tengo una buena memoria por detalles y eventos, y algunos dicen que solo yo tendría la memoria tan fenomenal para reconocer esos tipos de coincidencias que han ocurrido en mi vida.

Es probable que hay varias razones porque mi habilidad de atraer ciertas situaciones a mí se ha disminuido. Uno de las razones más probables es que la gente más joven no son tan complejas y tienen su mente más clara. Mientras viven más años, sus mentes llegan a ser más atoradas y más abotagadas con más y más cosas, problemas, rencores, y experiencias de vida. Hacen más decisiones en la vida y ponen más condiciones en la manera en como resuelven sus cosas y como consiguen lo que quieren. Por resultado, el proceso llega a ser más difícil. Esas cosas acumulan y causan "alboroto", lo cual interfera con la habilidad de la mente, incluyendo la subconciencia, para poder arreglar y poner situaciones importantes y sincronicidades en sus vidas. Este "alboroto" puede estar comparado a vórtices en un rio. Vórtices tienen bastante estabilidad. Opiniones, creencias, y condiciones, como vértices son muy estabiles. Esas vórtices pueden ser perjudicial al crecimiento espiritual de los humanos, y pueden inhibir las habilidades de la gente para atraer ciertas citaciones a sí mismos.

Hay algunas gentes que saben como tirar ese tipo de "alboroto", para limpiar los vórtices, para que su mente subconciencia pueda trabajar más libre y no inhibido. Ellos son los que tienen más buena suerte, y ellos son los que pueden atraer veredas a un entronque. Ellos son los que tienen la habilidad en conseguir lo que quieren, incluyendo los amigos que desean conocer.

Algunas Búsquedas y Metas en Amistades

Muchas veces cuando estoy caminando con mochila y acampando, he visto otros caminando juntos que son amigos. Me acuerdo una vez en particular, septiembre de 1992, cuando estuve en la vereda el Wonderland Trail que va alrededor de la montaña Mt. Rainier en el estado de Washington. Miré a tres muchachos de universidad de la ciudad de Phoenix, Arizona. Fueron muy buenas gentes. Deseo que yo hubiera sido amigos con ellos, pero estuvieron caminando en la dirección opuesta, y solo nos conocimos por cinco minutos.

Tantas veces he visto amigos caminando juntos, acampando juntos, disfrutando su amistad, tan fácil. ¿Cómo lo hacen tan fácil? ¿Cómo lo hacen para andar caminando y viajando juntos tan fácil? Lo que ellos hacen tan fácil ha sido parecemente casi imposible para mí. Es como si todas las condiciones para causar que ocurra son equivocadas para mí, como si yo estuviera en el lugar equivocado y en el tiempo equivocado. ¿Cómo lo hacen ellos, los sin Asperger's, para alcanzar un nivel tan alto de amistad que llegan al punto de hacer planes de viajar juntos o caminar juntos? ¿Cómo lo hacen para actualmente invitarse para hacer esas actividades? No hay nadie que me habla para invitarme a viajar ni caminar. Nunca. Siempre soy yo que tengo que hacer todo eso, y muy pocas veces funciona. Cuando sí funciona, solo es después de esfuerzos excesivos ridículos por parte mía, curioso como parece.

Sí, tengo amigos, pero no los tengo por viajar, caminar, o acampar, y puedes estar seguro que en ese aspecto me siento solo. Como mencioné brevemente al principio en *Proyectos e Intereses*, busqué sinceramente, aun anuncié por un compañero de viajes por mi primer viaje al oeste de los Estados Unidos, pero nadie me contestó. Pues, había uno que me acompañó tres años después, pero no funcionó muy bien. Hicimos el viaje, pero su corazón estuvo atrás en Tennessee con su muy recién adquirida novia, en el lugar de estar con el viaje, ¡y por resultado estuvo en mal humor mucho del tiempo!

Por mucho tiempo he deseado por un buen amigo para viajar conmigo, alguien congenial, alguien que me acepta por como soy, me entiende, y disfruta mi compañía, en otras palabras una buena camarada. En un mundo de algunos 6 billones de gentes, ¿por qué es tan difícil cumplir una cosa tan sencilla? No estoy hablando de casamiento, ni de relaciones de maricones tampoco, solo un buen amigo con quien viajar – exactamente como esos tres muchachos universitarios de Phoenix, Arizona estuvieron viajando juntos.

He hecho viajes repetidos al Oeste, y realmente he disfrutado mis viajes, pero aparte de ese viaje con el amigo de mal humor, he tenido que tomar *todos* esos viajes y excursiones de caminar por mi solo. En años más recientes, durante mis viajes a México, siempre he ido solo. Ningún amigo ni familiar ha tenido el interés en mí o mis viajes a México para acompañarme allí.

Mientras caminando con mochila y acampando, he encontrado a

personas y he hecho amigos, y he disfrutado esa parte de eso. Siempre ha sido mi meta coleccionar direcciones de gentes de otros estados o países. He llegado a ser buenos amigos con algunos de ellos, pero para los tempranos de los 1990s, también me pasaron experiencias y algunos incidentes donde sentí que unos de ellos estuvieron tratando de salir afuera de mí o ganarme al estacionamiento para que pudieran alejarse de mí. Algunos de esas gentes de repente han salido del lugar de acampamiento a la grieta de la madrugada, ¡o me han dado direcciones falsas! En general, está llegando a ser más difícil para hacer y conservar amigos en estos días, desde vivimos en un mundo de más suspiciones y menos confianza, lo cual realmente es una lástima.

Me acuerdo encontrar y conocer a un buen muchacho en 1994, y caminamos al norte en una vereda por algunas millas. Disfruté mucho esa tarde con él. Acampamos en lugares diferentes esa noche, e hicimos planes caminar juntos el próximo día siguiendo al norte, ¡pero nunca le vi! Él había empezado muy temprano y había caminado con ganas. No quise perder la oportunidad de ser amigos con ese muchacho, entonces caminé y caminé. Era un día largo y duro, y era después de 10 PM cuando finalmente alcancé el lugar de acampamiento donde él ya había llegado. Por como resultó, no lo había hecho en esfuerzos de ganarme. Había estado buscándome todo el día también. Entonces, cambiamos nuestras direcciones la próxima mañana y nos partimos. Sin embargo, no hemos comunicado desde entonces. Cuando miro atrás a eso, averiguo si valía toda la pena y los esfuerzos de perseguir que hice para alcanzarle para cambiar direcciones con él. Al mismo tiempo me siento que sí valía la pena, aunque nunca nos vimos otra vez. Mejor haber cambiado direcciones en lugar de repentir nunca haber hecho el esfuerzo para hacerlo.

Hay gentes que veo en lugares de negocios allí en el pueblo, por ejemplo, con quienes me gustaría ser amigos también. Mientras tenemos aun muy buenas conversaciones a veces, no son más que conocidos, y parece que no hay manera para avanzar al próximo nivel – amistad. Ese próximo nivel automáticamente incluiría darse cuenta donde vive la otra persona, cambiando números telefónicos, e invitándose para hacer actividades juntos de vez en cuando. ¿Cómo lo hacen otras gentes? Haz de decir que aun he llevado álbumes de mis fotos de, por ejemplo, México y las he mostrado a algunas de esas gentes. ¿Sabes qué? Nunca cruza sus mentes y nunca les ocurre hablarme para invitarme a ningún lugar. Nunca. ¿Por qué ninguno de esos trabajadores de tiendas hacen los pasos fáciles para invitarme a actividades? He hecho más que bastantes pasos iniciales.

Estoy esperando que uno de ellos se aparece para invitarme algún día, aunque me sorprendería mucho si uno de ellos lo haga. ¿Es solo mí, o es normal así que éste no ocurre, o éste solo es lo que pasa con gentes con autismo y/o síndrome de Asperger's?

Durante los últimos diez años, he observado la dificultad aumentando en hacer nuevos amigos. No estoy seguro si solo es mí o si está ocurriendo con mucha gente, pero la cultura ha cambiado. Estilos y costumbres han cambiado, y es como si haciendo nuevos amigos está llegando a ser un arte perdido. A lo menos he hecho una buena cantidad de amigos en años pasados, y estoy agradecido por esa verdad. Voy a conservar tan muchos de esas amistades como posible.

Amigos, Comparados con Conocidos

Algunas personas me han preguntado para distinguir entre amigos y conocidos. En el tópico anterior, expliqué que la gente que conozco en lugares de negocio usualmente no son más que conocidos, y para avanzar al nivel de amistad, ellos tendrían que invitarme a hacer unas actividades con ellos y claro que sí, cambiar direcciones y números telefónicos conmigo.

Brevemente voy a contar otro ejemplo de cuando estuve caminando con mochila, esta vez en la vereda Pacific Crest Trail en Alpine Lakes Wilderness en el estado de Washington. El año era 1986. En el segundo día de mi caminata, encontré y conocí a dos muchachos jovenes llamado Jeff y Tim de Seattle, y los tres de nosotros visitamos y platicamos juntos allí en la orilla de un lago bonito llamado Spectacle Lake, donde también acampamos por la noche. Jeff me dijo que había caminado la vereda Pacific Crest Trail por todo Alpine Lakes Wilderness con su papá el año anterior, y me recomendió que en mi ruta a Stevens Pass que yo acampara al par de un lago llamado Tuck Lake. La mañana siguiente, Jeff, Tim, y yo caminamos unas pocas millas en la vereda, y luego nos partimos, nunca jamás para vernos otra vez. Por los próximos tres días, caminé solo, y extrañé en mis nuevos amigos que yo acababa de conocer. Como quiera, disfruté las buenas vistas en la ruta mientras la vereda subió y bajó muchas veces por los filos y montañas.

Una persona a quien estuve contando la sobre dicha anécdota comentó, "¿Cómo pueden ser amigos?" Casi no les conociste, ¡muy apenas 24 horas! Pues, te voy a decir como. Ya al momento de conocernos, de volada tuvimos nuestra amistad y tuvimos unas buenas conversaciones. Eran gentes decentes e inteligentes. Me sentí agusto y calmado con ellos, y disfruté visitar con ellos. Sí, el próximo día nos partimos, pero nos partimos con amistad intacto. Nos apuntamos nuestras direcciones, y Jeff aun me dio su direccion correcta, lo cual es bastante mejor que he recibido de algunas otras personas que he conocido mientras caminando. Ellos han ganado mi confianza en ese aspecto, y si uno de ellos algún día me habla en el futuro, me alegraría oír de ellos. Son bienvenidos venir y visitar. Para mí, esa es amistad, y califica arriba de solo conocer a gente en lugares de negocio.

Para ponerlo en otra forma, conocidos y gentes que casi no he conocido son como esos tres muchachos universitarios de Phoenix, Arizona, los cuales ví por solo cinco minutos en la vereda Wonderland Trail aldredor la montaña Mt. Rainier. Sí, pude sentir que eran muy buenas personas, pero desde no pudimos tener oportunidad de visitar (como Jeff y Tim y yo hicimos) por eso no tuvieron tiempo para llegar a ser mis amigos.

La manera mejor para poner una línea entre un conocido y un amigo es para decir que ya cuando ocurre la acción de cambiar direcciones y números telefónicos, el nivel de amistad ya está alcanzado con quien sea la persona, ¡tomando en cuenta que la dirección tiene que ser correcta! Requiere un nivel de confianza y un sentido de compatibilidad para dar una dirección, y ya cuando eso está hecho, merecen ser mis amigos.

Hay muchas personas que he encontrado y conocido mientras caminando veredas o viajando, y hemos apuntado nuestras direcciones, como Jeff, Tim, y yo hicimos. Algunos de ellos he buscado y visto otra vez, y otros no, y estoy seguro que he perdido contacto con más que la mitad para ahora. Aun todavía, les considero a *todos* ellos como mis amigos.

Buscando Viejos Amigos, Ingeniosidades

Desde me nací, siempre he tenido el deseo seguir contacto con viejos amigos, un buen rasgo de verdad. Siempre he sido inventivo, y sabiendo como mis padres mandan más que 200 tarjetas de navidad cada año, naturalmente conseguí el hábito de buscar y seguir contacto con viejos amigos en la misma manera. Más, desde me gusta viajar, lo considero importante seguir en contacto con gentes de otros estados y aun gentes de otros países. Como mencioné en *Guardando Récordes Detallados*, tengo una lista completa de direcciones y números telefónicos de personas y amigos que conozco. Considero siguiendo en contacto con ellos tan importante que tengo fotocopias de todas las direcciones en otro edificio, la misma manera que tengo guardado información genealógico, para que no fuera a perderse. También tengo todos los directorios telefónicos de los estudiantes universitarios por los años que fui a la universidad. Muchos listados de los estudiantes también suplican las direcciones de la casa de sus padres. Esos han probado muy ayudables a mí en buscar algunos amigos míos varios años después, especialmente por los que solo fueron a esa universidad por un año o dos, y por eso no vienen en el directorio de estudiantes alumnos.

Claro que he buscado muchos viejos amigos, lo cual quiere decir que han oído de mí de sorpresa. Literalmente pasarían miles de años para que yo oíga de esas gentes de sorpresa las tantas veces que otros combinados han oído de mí. Muchos de ellos se alegran oír de mí, pero en años más recientes, me he dado cuenta que algunos de ellos se han puesto un poquito evitoso. Algunos han pensado que yo era curioso, ¡y algunos aun han resentido mi llamada! Parte de la razón por ésto atribuyo a la aumentada general de paranoia en nuestra sociedad.

Claro que yo busco a viejos amigos siempre con una buena intención de disfrutar la visita o hacer actividades con ellos. Mientras los años pasan, he observado que es más difícil seguir en contacto porque casi 100% de ellos lo dejan a mí para contactarles. Más, si ellos se cambian o consiguen un número telefónico no listado, pierdo contacto con ellos. Me gusta poder hablarles en el teléfono porque si les escribo una carta, casi nunca me responden. A lo menos por teléfono, tenemos comunicación de dos vías *durante* la conversación. Por correo o correo electrónico, comunicación es casi siempre una vía, de mí a ellos. Tengo que admitir que con muchos de mis amigos, siento como tenemos un puente de una vía.

Para buscar algunos de mis amigos, tengo que preguntar a sus padres. Éste es necesario especialmente por los pocos que conozco en el servicio militar, y también por los que tienen números telefónicos no listados. No todos padres me acomodan, que sea por falta de confianza o sencillamente por no conocerme, lo cual suma a la dificultad. Por los padres que me han acomodado, estoy agradecido, pero sé que cuando ellos mueren en el futuro, voy a perder contacto con sus hijos, los que son mis amigos. Ya no voy a tener una vía para alcanzarles, y sé que voy a sentir perderles. Más, dudo que se les va a ocurrir a aun uno de ellos para contactarme durante lo demás de nuestras vidas. Es que no es tan importante a ellos. Una madre era tan mal acomodando y mal responsiva que me fui a la oficina del Registros de Propiedades donde conseguí la información disponible al público (y también su dirección) por un amigo mío, ¡y le hallé! Como la información de propiedades es público, está disponible a todos. Mientras existen números no listados no hay propiedades no listados.

Hablando de ingeniosidades, he observado que mucha gente no toman el tiempo para abrir y revisar sus recibos del banco, sus recibos de teléfono, sus pólizas de seguros, y otros documentos importantes. Solo lo miran apenas bastante tiempo para fijar cuanto es el recibo, y sencillamente lo pagan sin revisarlo. Pues, siempre he hecho la práctica de abrir mis recibos y revisar todos los detalles. No requiere más que pocos minutos. Yo pensaba que toda la gente hicieran lo mismo. ¿Cómo no pueden? Por eso muchas gentes están engañados.

También he observado que la mayor parte de la gente no toman el tiempo ni se esfuerzan mantener contacto con otros, mucho menos hacer y guardar una libreta de direcciones de sus amigos. Parece que son más o menos desordenados. He encontrado que éste es más frecuente en Latinoamérica, donde he tenido bastante dificultad en mantener contacto con mis amigos, especialmente los que viven en ciudades grandes, como Monterrey. Por ejemplo, la madre de un buen amigo mío nunca estuvo bastante listo para darme la dirección correcta y número telefónico válido de su hijo en Texas. ¡Al contrario siempre me daba el número anterior ya desconectado! Después me di cuenta que tuvo que ver con falta de confianza de la madre. Eso me disgusto bastante. Entonces fui a la casa del vecino donde ella puso las llamadas, y conseguí el número por fijarlo en su recibo de teléfonos. Era una cosa astuta que hice y tal vez no muy bueno, pero también estoy orgulloso por mi ingeniosidad ¡y por haber podido brincar el obstáculo de esa madre!

Hace pocos años, mientras quedándome en Bustamante, N.L., México, quise hablar con un amigo mío que se había cambiado a Texas. Aunque estuve en Bustamante por más que un mes, su madre nunca se pudo organizar para poder conseguirme el número de sus primos en Texas donde su hijo estuvo viviendo. Estuve sorprendido que ella no tuvo el número, ella misma. Ya cuando pasó casi todo el mes, fui a preguntarle la pregunta obvia: *¿Si ustedes tuvieran una emergencia aquí en México, cómo en el mundo hablarían a su propio hijo?* Ella contestó que una tía en Monterrey tiene el número de su primo en Texas. Le pedí si le pudiera hablar por teléfono para conseguir el número de su hijo porque solo me quedaban pocos días más en el pueblo antes de regresarme a Tennessee. Ella no lo hizo. Es que llamadas telefónicas son muy caras, más caras cuando hablando a los Estados Unidos. Entonces esa es parte de la razón porque los mexicanos no tienen números telefónicos de sus familiares en Texas. Llamadas de emergencia valen la pena, pero menos no.

La falta de ingeniosidad y la falta de confianza que observo en otros son cosas que me hacen frustrado a veces. Me hace trabajar más duro – a veces por despecho – para conseguir la información que quiero. Mira, todo que quiero es disfrutar conocer a mis amigos. No soy peligroso. Más, no es tan difícil ser ingenioso, y siempre pensé que siendo más organizado era un buen rasgo para tener. Deseo que la gente vieran como más importante para mantener contacto con sus amigos, como yo. La gente necesitan tener más confianza en general.

Esperando Que Sigan las Amistades

Algunos años en el pasado un amigo me dijo, "¿Sabes qué Roberto? Cuando alguien es simpático a ti, tú esperas que siga, pero desafortunadamente no siempre es así." Tiene razón. También me dijo que si una persona ve otra persona que no conoce pero parece amistoso, entonces debe que poder arrimarse y decirle que le cae bien, y llegar a ser amigos. Mi amigo piensa que eso debe que ser el normal aceptable en sociedad. Pienso igual.

Desde principio, siempre he sido una persona para apreciar amistades y sinceramente aprecio a los que son mis amigos. Tengo un sentido alto de lealtad a ellos. Mientras vivo mi vida, me he dado cuenta que muchos amigos vienen y se van. Por algunos "amigos" es que no tengo aseguramiento suficiente que de veras son mis amigos, y aseguramiento es algo que necesito. Algunas gentes dicen que en toda tu vida ya cuando estás al fin de tu vida, puedes contar tus amigos en una mano. Pues no me pongo tan extremo para decir eso, pero voy a admitir que muchas amistades son temporales y que los amigos verdaderos ocupan un porcentaje muy pequeño de esos.

Desde tengo el rasgo de resistir cambios, naturalmente espero que las cosas sigan. Amistades son una de esas cosas. He hecho muchos amigos en mi vida, y me gusta seguir contacto con ellos. Cuando estoy viajando, cambio direcciones con personas que encuentro mientras. Cuando estuve en la universidad, hice muchos amigos, y después de graduarme, he hecho esfuerzos para seguir conocerles. Al despecho de mis esfuerzos, he oído (de sorpresa) de solo cuatro de ellos desde graduarme en 1991.

Cada navidad yo mandaba de 50 a 100 tarjetas de navidad, y yo tenía la esperanza positiva que yo recibiera tarjetas de navidad de ellos año después de año, como mis padres hacen con sus amigos. Pues, solo recibí tarjetas de muy pocos. En años más recientes, he dejado de mandar tarjetas de navidad porque sencillamente no he oído de ellos. Sin embargo, hay unos pocos que sí me escriben para atrás y también me mandan una tarjeta y una nota de gracias por seguir contacto. Entonces del grupo de todos, siempre encuentro algunos pocos buenos.

Desde me gradué de universidad en 1991, me he dado cuenta que ha sido más difícil hacer nuevos amigos. Mientras he hecho unos pocos buenos amigos, y estoy agradecido por esos, tengo que admitir que lo encuentro afrentoso por como muchas amistades nuevas eran temporales y que no duraron. Bueno en muchos de esos casos sencillamente hemos tomado vidas diferentes, lo cual considero un normal aceptable, pero hay otras amistades que se han terminado por culpa de resentimiento, coraje, o aun odio contra mí. He tenido pleitos con ambos algunos nuevos amigos en este país y también en otros países, y sí, algunos de esos pleitos han ocurrido en México. Algunos pocos de esas perdidas y rechazos han sido más que solo afrentoso a mí. No vayas a mal interpretar mi punto de vista de los mexicanos. México tiene muchas buenas gentes, y de veras he hecho unas buenas amistades en ese país durante los diez años pasados.

Es difícil para gente con autismo y síndrome de Asperger's para discernir quien es y quien no es un amigo. Parece que tenemos que estar enseñado a realizar que no toda la gente son amigos verdaderos. Aprender como hacer este discernimiento es un arte de veras que no es muy sencillo a nosotros con esas condiciones. Para nosotros es demasiado fácil estar aprovechados y engañados por la gente, aun cuando estamos poniendo buena atención a nuestros sentidos interiores. Parece a mí que la habilidad de reconocer o sentir una amistad es casi instintivo en gentes sin autismo y sin síndrome de Asperger's. Pienso que mis instintos les falta desarrollo en este área. Entre mis amigos, por algunos pocos de ellos, ¡manteniendo mis amistades con ellos era como navegarme en un prado de minas explosivas sin señales de camino!

De todos los amigos que he tenido, nunca he hecho nada con la intención de cortar una amistad. No soy así para cortar amistades. Aunque trato la gente simpáticamente y soy considerante, el número de rechazos misteriosos que he sufrido desde graduarme de la universidad de veras excede el número que yo habría esperado. Por resultado, ha sido muy difícil para mí para depender en quienes son mis amigos verdaderos.

Reconozco que en unos pocos de los casos donde la gente me han rechazado, sus razones probablemente tuvieron algo que ver con mis idiosincrasias e intolerancia de humo y perfume. También reconozco que mis estándares altos han sido un problema por algunas gentes. Otros me han dicho que soy gorroso e intolerante. La manera en que lo veo es que espero que mis amigos me traten con respeto.

Creo que he tolerado bastante, particularmente cuando me he quedado con familias en mis varios viajes. Por ejemplo, aunque me hizo sentir incómodo, ¡he tenido que tolerar su humo y su perfume! Siempre he tratado de explicar que debido de mi sensitividad, el humo y el perfume me molestan. Algunas gentes me han acomodado entendiéndome, mientras otros se han puesto defensivos y hostiles contra mí.

He sacado un extracto de mi novela: *Caminando Entre Mundos*, acerca de los sensitividades de Roland. Aquí está.

*   *   *

Luego Isalia explicó a Lavinia y su hijo Raul que Rolando era una persona muy fina quien era honesto y derecho. Ella explicó que había conocido a Rolando por 17 años y que era buenos amigos con él y su familia. Rolando era muy inteligente, un genio en algunas maneras, pero le faltaba entender algunos de los características culturales. Más que todo, Rolando era muy sensitivo con sus oídos y sus sentidos de oler, unos rasgos de autismo, y siempre se alejó de humo, perfume, y mucho ruido.

Raul escuchó bien, y Rolando se sintió contento que Raul escuchó a eso, porque Raul no había creído que Rolando tenía esos rasgos de sensitividad, pero ahora tenía verificación de Isalia, y él ganó más respeto por Rolando por resultado. Raul previamente había interpretado los sensitividades de Rolando como rasgos de ser maricón, pero no fueron. Eran rasgos de autismo. Isalia siguió a decir que Rolando necesita ser querido y amado como un amigo, que necesita mucho cariño, especialmente por los con quien se queda. Amen.

*   *   *

He aprendido durante los años que algunos "amigos" ¡solo son "amigos" cuando les conviene! He estado aprovechado varias veces por mis manierismos no sospechosos y no presumidos, y algunas gentes misteriosamente han evitado decir la palabra "gracias" a mí.

La mayoría de ustedes ya saben que los perros te quieren o no te quieren, y casi 100% del tiempo, así es – ya un amigo, siempre un amigo. ¿Verdad? ¿Por qué los humanos no pueden ser tan leales y amistosos como los perros son? Bueno, hay algunos perros impredecibles allí en el mundo, pero he encontrado que el porcentaje de humanos impredecibles es mucho más alto.

Éste es el tipo de lealtad en que me porto con los amigos que tengo. Cuando hago amistades con la gente, tengo buenos sentidos y sí, naturalmente lo tomo en cuenta concebido que mis amistades van a durar por toda la vida. Siempre es lo que estoy presumiendo y es mi manera positiva de pensar cuando gano nuevas amistades. Con algunos de mis amigos esa es la verdad. Reconozco y aprecio a los que son mis amigos verdaderos, y anticipo con gusto a como siempre me saludan bien cada vez que les veo.

He sacado otro extracto de mi novela: *Caminando Entre Mundos*. Aquí está.

*   *   *

Rolando platicó con Lorenzo y Glenda acerca de gente en general, y ellos pensaron que Rolando se estuvo portando un poco gorroso, yendo a la casa de Leonardo cada rato. Pues, Rolando no lo vio así. Lo que pasa es que Leonardo siempre no estuvo en casa, y por eso Rolando tuvo que ir a su casa más que una vez para que tenga chanza de encontrarle en la casa. Más, estuvo haciendo sus maniobras normales para encontrarle en casa para hacer planes de alcanzar su meta de que él y Leonardo fueran a las montañas para acampar. Lorenzo y Glenda dijeron a Rolando que era terco. Pues sí. Cuando Rolando se puso algunas metas para él y posiblemente otros, hizo lo necesario para cumplirlas. Para él, sus maniobras eran razonables, aunque otros no anduvieran de acuerdo con eso.

*   *   *

Uno puede ver las características de un Asperger's, la manera en que Rolando era persistente en "llegando allí demasiadas veces," aunque Rolando no estuvo de acuerdo con eso.

Para poner una nota positiva a este tópico, acerca de Leonardo, todavía le conozco, y le veo más o menos una vez por año. Eso es decir, por casualidad le encuentro en su casa. Platicamos de lo que hemos hecho y todavía muestra un interés en ser un amigo. Aun me dio su nueva dirección en Monterrey la última vez que le vi, diciéndome que yo le busque en el futuro.

Cuando estoy en México, actualmente disfruto pasearme en el pueblo visitando la gente quienes son mis amigos. Después de todo, tener amigos es importante y es algo que disfruto.

Expectaciones Altos de Comportamiento

Una vez alguien me dijo que yo espero que la gente se porten mejor que actualmente soy. Es cierto, y no es nada de que sentir vergüenza. De veras espero que la gente se porten bien. Como ya he mencionado, tengo estándares altos y espero estar respetado por mis amigos. Mientras algunas gentes son muy buenos en ese aspecto, otros no son. Algunas gentes tienen una tendencia natural portarse mal y actuarse de acuerdo con estándares bajos. Cuando gente de ese tipo están conmigo, ellos se sienten incómodo porque sienten que tienen que portarse mejor cuando están conmigo. Por resultado, ellos resienten mis expectaciones y mis estándares altos. No apruebo de mal comportamiento, y mientras mi intolerancia de eso me ha costado algunas amistades, necesito admitir que me siento aliviado ya no conocer a esas gentes abusivas. Lo que es muy importante es tomar en cuenta que mal comportamiento no es aceptable ni tolerable.

Bueno, muchos autísticos y Asperger's echan rabietas y causan problemas. Mientras no apruebo de ese tipo de comportamiento extremo, es importante reconocer que rabietas a veces ocurren porque la gente con esas condiciones autísticas les falta entender las expectaciones y los normales de sociedad, o también porque están en una situación sobrecargada. En el lugar de castigarles duro, pienso que deben que estar enseñado maneras de mejorar su comportamiento y alcanzar los normales de sociedad.

Para ser justo, tengo que mencionar que no solo son los autísticos y Asperger's que echan rabietas. Hay bastantes gentes clínicamente normales que son agresivos y echan rabietas – aun cuando son adultos. Por ejemplo, había un pasado amigo mío en la universidad que tenía mala actitud, pues un genio malo. Un día descubrió un error en su recibo de banco cuando llegó en el correo. Por casualidad yo estaba con él cuando se dio cuenta del error de un sobre retiro. Hablando de estar enojado, ¡él se portó como una abeja africana! Uno puede decir que se puso histérico. Echó una rabieta con muchas maldiciones, ¡y me dijo como él iba a pelearse con el presidente del banco, y más y más! ¡Dios mío! Sé que no hago cosas tanto como eso. Estuve bien sorprendido.

Había otro incidente que me acuerdo envolviendo la misma persona. Estuve paseándome con él en su carro, y mientras estuvo estacionando, otro carro pasando le dijo algo de cuidar donde vaya y entonces se fue. Mi amigo se puso muy enojado – demasiado enojado – a ese hombre por haberle dicho algo. ¡Estuve espantado a la reacción agresiva y excesiva de mi amigo! Hasta donde yo sé, ese pasado amigo mío era clínicamente normal, pero lo más seguro es que tenía un genio muy agresivo. Que bueno que nunca se puso completamente histérico conmigo. Naturalmente prefiero estar con gente más calmado, razonable, y suave. Es más disfrutable para mí.

En años recientes había un muchacho que conocí bastante bien cuando llegaba con nosotros para trabajar en el rancho. Llegó a ser buenos amigos conmigo, y también con mis padres. Aunque parecía sincero, después me di cuenta que estuvo escondiendo mucha "basura" (muchos problemas). Actuaba como si fuera un buen amigo y aun me invitó viajarme con él. Me dijo que no fuma, lo cual es *muy* importante por alguien que viaja conmigo. Durante toda nuestra amistad, pareció cansado y con una mente abotagada, como si no estuviera durmiendo bien. Pues algunos cuatro meses dentro nuestra amistad, por casualidad le vi en el pueblo, ¡y tenía un paquete de cigarros en su bolsa de camisa! Claro que me di cuenta y se lo mencioné también. Se puso muy defensivo, y sin decirme nada, pude sentir que él supo que había estado pescado. Claro que él tiene el derecho ser fumador, pero lo que pasa es que él supo que había echado mentiras a mí y a mis padres acerca de no fumar, especialmente con la invitación de viajar, a mano. Esa invitación se fue saliendo por la ventana lo más seguro, acompañada de nuestra amistad. Él supo que me sentí engañado, y se sintió culpable, no más que no lo quiso admitir ni pedir disculpas. La verdad es que yo era demasiado mucho para él, y es probable que él pensó que no pudo alcanzar mis expectaciones altas. Sospecho que se sintió que ya era demasiado tarde, acerca de la cuestión de los cigarros, que no pudo irse atrás para corregir de lo que me di cuenta. Le escribí una carta, pero me la rebotó sin leerla. También traté varias veces de hablar con él, pero él ya había cerrado la puerta completamente, y corajudamente rechazó darme una oportunidad para arreglar el mal entendido con él. Su orgullo le previno. Después cuando estuve platicando con uno de sus familiares, mis padres y yo nos dimos cuenta que había muchos problemas de que no habíamos sabido, cosas que él había hecho y problemas en que se había metido, antes de venir a Tennessee.

Buenas Intenciones Descarriladas

He observado un fenómeno muy curioso y disgustoso en mi vida perteneciendo a algunos "amigos" que he conocido. Algunas veces he anticipado simpáticamente e inocentemente contactar un amigo, teniendo los buenos pensamientos e intenciones en mi mente de visitar con él/ella por algunos años antes de actualmente actúo para hacerlo. Muchas de esas gentes viven en otros estados o aun en otros países. Con algunos de ellos, algo fue mal. En otras palabras, uno puede decir que "algo se metió en el agua."

Un ejemplo tiene que ver con un amigo de la escuela prepa que me vio en un juego de fútbol y sinceramente me dijo que yo viniera a su casa para visitar. Conservé esa buena intención en mi mente por varios años – ocho años – pero nunca fui aunque quise ir. Pues nuestra reunión de diez años graduados de la prepa ocurrió, y allí nos vimos, también teniendo una buena plática. Me acordé su invitación de ocho años atrás, y una semana después de la reunión, fui a su casa. Estuvo trabajando en las noches, entonces estuvo dormido. Su mamá siempre había sido amistosa por los 18 años que le había conocido, pero durante el día que fui a buscar a su hijo, se puso curiosamente de hombro frió. Firmemente me dijo que no le iba a despertar. ¡Pues me sentí desafanado! Traté dos o tres veces más después de ese día para llamarle, y su mamá – sin saludarme – siempre me decía, "No está," cada vez que le pedí hablar con él. Nunca alcancé a verle otra vez, y todo lo que quise hacer fue disfrutar y seguir mi amistad con alguien que yo conocía atrás en la prepa. A la mejor ella pensó que yo era curioso – o tal vez maricón – para estar buscando a su hijo después de la reunión. Si es lo que ella pensó, ¡entonces eso es patético! ¡Lo que sé es que ella resintió que yo buscara a su hijo!

Cuando estuve en Australia en 1990, encontré y conocí a un muchacho llamado Chris. De volada llegamos a ser buenos amigos, y durante los próximos cuatro años me escribió varias cartas invitándome a venir y visitar con él, y diciendo que pudiéramos ir a caminar y viajar. Aunque él se cambió a Europa y luego a Inglaterra, siguió escribirme. En 1993, le invité venir a América para que pudiéramos ir a California para caminar la vereda John Muir Trail. Me dijo que realmente le gustaría mucho venir, pero nunca llegó. Finalmente en 1994, tuve la oportunidad volar a Inglaterra, donde con mucho gusto le busqué. Pues, acababa de conseguir una novia con quien estuvo enamorado completamente, ¡y las cosas ya eran muy diferentes, por resultado! ¡Me frustró realmente que él se estuvo portando con hombro frió y que siempre estuvo saliendo de la casa con mucha prisa para ver a la novia! Tuvimos una discusión sobre llevarme al aeropuerto, ¡lo cual cortó nuestra amistad! También creo que se sintió molesto por mi memoria fenomenal, porque inocentemente me estuve acordando todas nuestras conversaciones de cuatro años atrás. Ahora ha pasado 14 años, ¡y todavía me acuerdo todas nuestras conversaciones!

Otro ejemplo clásico de una buena intención descarrilada ocurrió cuando fui a buscar un amigo de universidad en Austin, Texas. Atrás en la escuela él había sido un buen amigo, pero cuando fui a buscarle diez años después, se portó con mucha precaución. Su cara se puso frió cada rato con una apariencia de, *¿Quién es este hombre? ¿Qué quiere?* Yo quería llegar con él por la noche, pero me dijo que no me conoció bien, y siguió a hacer cuenta que no se acordó de mí. Tal vez no se acordó, lo cual es difícil para creer, ¡pero se veía algo curiosamente frió en sus ojos! Nunca le hablé otra vez.

Otro caso envuelve mi apreciación sincera por algunos "amigos" en

Miami, Florida que fui a visitar en 1990 y 1995. Quise regresar allí otra vez para visitar a mis amigos, y anticipé de cuando finalmente yo podría ir. En la primavera de 2001, fui en mi carro a Miami y visité por un fin de semana de tres días. Aunque me porté muy bien y estuve disfrutando mi tiempo con ellos, ¡de repente y de sorpresa estuve rechazado por dos miembros de esa familia en menos que 48 horas! El "amigo" quien tenía la misma edad que yo aun tenía la audacia de decirme, "Roberto, tú viniendo para acá y pidiendo quedarte con mi familia arregla una excelente chanza por rechazos." ¡Válgame dios! ¡Que afrentoso comentario! Mi "gastando mis bienvenidos" tan rápido no tenía sentido ni explicación. Estuve bien molesto, para decir lo menos.

Puedo seguir. Hay más historias todavía, pero el punto de mis cuentos es que muchas de mis buenas intenciones inocentes han sido, por razones curiosas, descarriladas frustadamente. Tengo que admitir que por culpa de estos incidentes he perdido algo de mis deseos para buscar viejos amigos. Para sospechar, este fenómeno afrentoso tal vez ocurre porque mis buenas intenciones y pensamientos de anticipar visitar con esos amigos probablemente están estando recibidos inconscientemente por esas gentes cuando están durmiendo, tal vez resultando en sueños que les espantan. Es casi como si ellos estuvieran recibiendo un aviso por la telepatía – como si yo fuera peligroso – lo cual sé que no soy. ¿Tienen miedo ellos que yo dijera cosas que alterara sus creencias o sus convicciones fuertes? ¿Se sienten misteriosamente aburridos cuando hablan conmigo, aunque no hablo de sujetos raros? ¿Tienen miedo que tal vez me acordara demasiado muchas cosas acerca de ellos si se permiten llegar a ser buenos amigos míos? ¿O tiene que ver con unos seres de otros niveles (espíritus) mandando sueños a mis amigos con la misión de arruinar amistades?

¡Como quiera este fenómeno de rechazo no debe que ocurrir en sociedad! Rechazos no pertenecen en nuestras vidas. En el lugar de arreglar excelentes chanzas por rechazos, necesitamos limpiar nuestro "alboroto" y entonces arreglar excelentes chanzas por aceptación.

Para dar reconocimiento a algunas gentes que son mis amigos, en años recién busqué una familia que yo no había visto por 18 años. Estuvieron alegres para verme y me dieron bienvenidos pasándome por dentro de su casa para visitar. Aun me dijeron gracias por haber venido. Estuvo muy bien para verles. También en 1994 me hice amigos con un muchacho de 18 años por dos días cuando estuve caminando en Gran Bretaña, y después recibí una muy buena carta de su madre que me escribió, "Gracias por tu amabilidad a mi hijo."

Lo que es importante por el lector aprender de esta sección del libro es que mientras los años han seguido, ¡amistades perdurables han llegado a ser frustradamente difícil para establecer! Para sumar al problema, no siempre sé cuales gentes van a seguir siendo mis amigos. Algunos de ellos me dicen cosas como, "Siempre voy a ser tu amigo," o, "Tu amigo siempre." A veces pienso que realmente he alcanzado a tener una buena amistad, ¡pero entonces aun algunos de *esos* amigos se cambian también!

No sé si teniendo los rasgos de un alto funcionando Asperger's tienen algo que ver con dificultades de amistad, como los sobredichos. Ando con el pensamiento que es probable que sí. Si no, los expertos en autismo y síndrome de Asperger's necesitan estudiar y analizar este área importante de establecer y mantener amistades por la gente con esas condiciones.

Como un comentario al lector, ¿Cuántas veces oyes de un viejo amigo de sorpresa? Es probable que es raro que pase ésto. Para mí, oigo de alguien uno o dos veces por año. Algunos años no oigo de nadie a todo. Casi todos que conozco lo dejan a mí para contactar a ellos. Averiguo si solo es mí o si éste ocurre con casi todos.

Me parece que la gente no son acostumbradas a buscar viejos amigos, y me molesta que no es en nuestra cultura para hacerlo. Para mucha gente, se siente raro para buscar viejos amigos, ¡por falta de entrenamiento cultural! La mayoría de nosotros no somos enseñados en niñez para buscar amigos, y por eso nunca aprendimos el hábito y nunca lo hacemos cuando somos adultos. Eso es algo que la sociedad necesita poner a su agenda, para entrenar la gente en su niñez para buscar sus amigos. Si eso estuviera hecho, ocurriría menos veces las reacciones estrañas cuando alguien le habla a un viejo amigo. Después de todo, tener amigos es muy importante en la vida.

En años más recientes, hay páginas web en el Internet sobre Personales y servicios de Citas, los cuales sus anuncios aparecen en el monitor periodicamente. Algunos de ellos ofrecen servicios de buscar viejos amigos de la escuela prepa, y servicios de localizarles. Otro anuncio ofrece servicios de poner anuncios personales, y servicios de encontrar a gente con intereses similares y haciendo nuevas amistades. Estos servicios son buenos. A lo mejor después de otra generación, las cosas van a mejorar, y la sociedad va a llegar a ser más social en ese aspecto. Cierto que voy a dar bienvenidos a eso.

Normales y Típicos, Comparados con Asperger's

Para discutir algunas comparaciones entre personas normales y típicas (lo que algunos clínicos llaman neurotípicas) y personas en el espectro autístico, específicamente síndrome de Asperger's, voy a repetir un párrafo de mi tópico, *Idiosincrasias de Niñez*.

Un ejemplo clásico de interpretación literal es, por decir un "amigo" no quiere que llegues, pero es tan cortés que no te puede decir. Le preguntas si está bien para seguir llegando para visitar o platicar, y por como querer ser de cortés, te dice que "sí." Esa es una contesta que tomo literalmente, pero la verdad de la situación es que la persona no me quiere llegando con él, no más que no me puede decir. Yo vería la contesta de esa persona de "sí" como una mentira, pero otras personas, como he aprendido durante los años, considerarían la persona como "indicisa" o no sincera. Entonces, de acuerdo con el punto de vista de ellos, la persona no está mintiendo.

Gente como en el sobre dicho ejemplo no están haciendo ningún favor para mí ni para los con Asperger's por literalmente dándome una contesta completamente opuesta de sus deseos actuales. Sin embargo, en el sobre dicho caso, pude sentir o percibir que no quiso que yo llegue a visitar, y nunca he llegado allí desde entonces. Haz de decir que eso ocurrió en años recientes. Percibí la indicación, pero entonces yo había estado viviendo en Tierra por algunos 30 años para ese momento en tiempo. Estoy seguro que había bastantes otras situaciones anteriores cuando no percibí ninguna indicación, y sin darme cuenta, estuve visitando y tratando de mantener amistades con gente que verdaderamente no me quisieron.

He averiguado muchas veces porque muchas personas con quienes soy amistoso y busco de vez en cuando, nunca me hablan de nuevo. ¿Es porque soy un poco diferente o vivo por un juego diferente de códigos? ¿Reacciono o hago gestos en maneras un poco diferente comparado a personas normales y típicas? ¿Raspan sus nervios mis características? Aun hay casos que reyo con ellos, y para mí, he disfrutado mucho visitar, pero la verdad es que algunos de ellos, de su punto de vista, han estado aguantando o tolerando, y no me he dado cuenta. Ellos no disfrutaron conocerme, como después realicé.

Si estoy haciendo algo que está molestando a otros o raspando sus nervios, es muy probable que no me dicen hasta muy después. Ellos esperan que siento o percibo que ellos están molestados, pero usualmente no percibo la indicación. Lo que ocurre es que se ponen enojado despues de la tercera o cuarta vez que he hecho algo, en el lugar de haberme dicho en una manera calmada en un momento anterior. Por resultado, eso me hace enojar a ellos, y les observo siendo muy malos en sus relaciones sociales con la gente. No me están haciendo ningunos favores por enojarse a mí después de la tercera o cuarta vez, ¡y arruinan nuestra amistad por resultado!

Tome en cuenta que el sobre dicho ejemplo solo ocurre con algunas personas, porque hay muchas otras personas que disfrutan mi amistad. También tome en cuenta que nunca cruzó mi mente que yo era una persona con síndrome de Asperger's hasta el año 1994 cuando el artículo de la revista sobre Temple Grandin estuvo publicado. Solo lo tomé como dado por supuesto que algunas personas sincillamente no supieron bien como manejar una situación y no supieron como ser sincero en general. Realmente me frustraba, pero después de 1994 y leer ese artículo, a lo menos he realizado una razón válida, que los con síndrome de Asperger's no siempre perciben indicaciones. No siempre son adeptos en percibir y sentir los señales sútiles y sociales que las personas normales y típicas hacen automaticamente. Hasta donde estoy preocupado, ¿cómo es posible que cualquier persona esté esperado saber como percibir todas esas indicaciones?

Falta de Confianza y sus Calidades Perjudicantes

Una de las cosas que encuentro muy afrentoso tiene que ver con la confianza – específicamente la falta de confianza que algunos padres tienen en mí. Ésto era particularmente obvio cuando yo era un adolescente, pero ha ocurrido con menos frecuencia en años recientes, ahora como tengo treinta y tantos años y tengo pocos amigos adolescentes. Sin embargo, hay algunos adolescentes a quienes todavía doy amistad, como un hermano mayor haría.

Un ejemplo de ésto ocurrió cuando estuve en mis tempranos veintes. En esos días yo tenía unos amigos adolescentes que vivían algunos 150 millas al este de mí. Yo les había invitado venir para visitar por un fin de semana. Estuvieron listos para venir y quisieron, pero su madre canceló sus planes por decir que no, aunque me conocía y supo que soy una persona decente. Creo que le faltaba confianza en mí y por eso no quiso que vinieran solos para visitar. Después cuando ella cumplió 40 años, su hermana mandó imprimir unos rótulos para la defensa atrás que declararon su edad. Orgullosamente puse uno de esos rótulos en el lado trasero de mi vagoneta ¡y cuando fui en mi carro mi rótulo hizo ese anuncio! Lo tuve puesto en mi carro por algunos meses. ¡Eso fue mi protesto sutil contra esa madre y su decisión! También saqué una foto del lado trasero de mi carro, y se la mandé a ella por correo, acompañada de una nota diciéndole porque lo hice.

Algunos años atrás, otra madre de un buen amigo mío también tenía desconfianza en mí debido a mis rasgos de síndrome de Asperger's. Ella me tenía miedo y no pudo resolver en su mente como yo era. Para ella, síndrome de Asperger's era como un vacio, y ella puso sus miedos peores en eso, en el lugar de tratar de comprenderlo. Sospecho que atrás de mi espalda, ella estuvo avisando a su hijo de mis "características peligrosas," y diciéndole que se alejara de mí. Sentí como ella estuvo perjudicando mi amistad con él. ¡Aun tenía la audacia decirme que no había ninguna manera que su hijo iba a hacer actividades conmigo a menos que estuviera acompañado de su papá como un chaperón! Pues con razón eso me disgustó. En adición a expresar mi desaprobación, te voy a decir lo que hice. Llamé por teléfono a mi amigo exactamente el día que cumplió 18 años, y le dije feliz cumpleaños. Le recordé que ya no era bajo la juris-dicción estricta de sus padres y le invité a viajar conmigo. Sus padres resintieron mi llamada telefónica, pero entonces estuve enojado a su madre por su desconfianza en mí, ¡la cual porque hice muy seguro que hablé a su hijo en ese día exacto!

Éstos son algunos de varios ejemplos que me han frustrado. Falta de confianza parental es algo que realmente me molesta, porque sé que soy una persona con buenas intenciones. No merezco que la gente tengan desconfianza en mí. Unas gentes me han dicho que no me preocupara sobre lo que otros piensan en mí, que no es importante. Pues, no puedo andar de acuerdo con eso. Creo que es *muy* importante preocuparme sobre lo que otras gentes piensan en mí, ¡especialmente cuando perjudica mis amistades con sus hijos, como los sobre dichos ejemplos muestran!

¿Por qué esas sobre dichas madres no pueden aprobar de mi amistad con sus hijos en el lugar de avisar contra eso? ¿Por qué están evitando alguien como yo que es un poco diferente, aunque no soy peligroso? ¿Por qué se sienten incómodo cuando muestro un interés en tener amistad con sus hijos? No debemos que ser tan paranoicos.

Tácticas de Diversión

Mucha gente con síndrome de Asperger's son directos y muy sinceros. Yo soy también. He estado sabido a confrontar a gentes que me han mostrado malos sentidos o desconfianza en mí. Corto a la raíz del problema, y hago ésto con la intención de arreglar mal entendidos, y también con la meta de ganar aprobación de ellos. Soy una persona que necesita aseguramiento que todo está bien. Hay unas pocas veces que he tenido éxito, pero la mayoría de las veces la gente que confronto no quieren hablar sobre el problema ni molestarse en arreglarlo.

Algunas gentes me han dado la espalda y no me han hecho caso. Los que actualmente hablan conmigo evitan platicando acerca del problema a mano, por platicar de voluntar sobre otras cosas. En otras palabras, ellos usan tácticas de diversión para evitar el dolor de hablar sobre el problema a mano. Ésta es una manera muy astuta para mantenerlo seguro y hablar de otra cosa. Algunas gentes que hacen ésto aun alteran los escenarios de unos incidentes pasados ¡para echar la culpa a mí! Verdaderamente pienso que ellos saben la verdad de las cosas, que ellos son los culpables de tener malos sentidos contra mí, o por algo que me han hecho, o que se han puesto contra mí. Cuando les confronto, aunque soy simpático sobre eso, ellos se sienten incómodo ¡y algunos de ellos aun se ponen enojados! No les gusta admitirlo. Por algunos de ellos, pidiendo disculpas es una hazaña que parece que es más allá que sus capacidades.

Tengo que admitir que realmente me hace frustrado que hay tantas gentes en la sociedad que no son sinceros. Muchos de ellos no quieren hablar sobre problemas pertinentes, ni arreglar un mal entendido. Tal vez durante su niñez, sus padres no pusieron importancia a la comunicación, y por resultado nunca aprendieron esa habilidad importante.

México

Durante los diez años pasados, desde que me gradué de la universidad, he estado yendo a México más y más frecuente. Al principio me fui para allá con la meta de llegar a ser fluido en español – para llegar a ser bilingüe – lo cual he sido desde 1996. Durante los años, he hecho más amigos, y ahora voy a México por otras razones, por ejemplo, para disfrutar la región, las montañas, y para hacer actividades con algunos amigos allí.

Mis varias estancias en México han sido experiencias enriquecedoras culturales para mí, especialmente en como portarme más bien con la gente y aprender más sobre los dinámicos de amigos y familias. Mientras algunos de mis experiencias han sido de rechazos dolorosos, otros han sido de beneficios en que he hecho algunos amigos, me siento aceptado por ellos, y sé que algunos de ellos siempre se van a alegrar cuando llego a visitar.

En una manera, me siento como he vivido dos juventudes, habiendo ido a escuela y universidad donde estudié ingeniero eléctrico, y entonces a un tipo muy diferente de "escuela" en México. Yendo a un pueblo pintoresco llamado Bustamante, Nuevo León y otras partes de México para estudiar los dinámicos de amistades, familias, y gente me ha proveído un tipo diferente de experiencia "escolar."

México me ha dado la oportunidad de cultivar muchas amistades, en maneras un poco diferente que como yo lo habría hecho allí en Tennessee. He hecho amistades con personas afuera de mi edad. En la cultura mexicana, la gente normalmente no se fijan tanto en la diferencia de edad. Te ven como un individual sin fijarse en la edad, al contrario de como los americanos lo hacen. En otras palabras, ellos te toman al valor de la cara. Por resultado, he sentido perfectamente a gusto llegando a ser amigos con gentes hasta 20 años separados de mi edad. La mayoría de esas gentes están en el lado más joven. A veces con algunos de ellos, se me ha olvidado completamente la diferencia en edad, y he sentido como si fuéramos de la misma edad. Éstos son casos de muy buenos sentidos que también llevan bienvenidos que he sentido con algunas gentes en México.

La gente pueden tener la preconcepción que soy incompetente, como tengo los rasgos y características de un Asperger's, pero la verdad es que soy bastante competente y capaz en muchas maneras, y mucho menos sencillo que yo era en mi niñez y adolescencia. Bueno soy único en algunas maneras, pero hay que reconocer que personas con síndrome de Asperger's operan con un juego de códigos diferentes.

Durante algunos años pasados mientras pasando tiempo en México, he aprendido no ser tan meticuloso ni preciso. Como mencioné antes, tengo una tendencia de conservar todo contado, documentado, y ordenado. Aun yo tenía cuentos escritos detallados (historietas) de mis experiencias perteneciendo a unas amistades escogidas, las cuales vi como importante en esos días. Mucho de eso es bueno, pero también reconozco que yo fui un poco extremo sobre eso. Algunos de mis amigos me decían que yo era *fijado*, lo cual quiere decir que estuve conciente de todos detalles y que yo tenía todo contado.

Como soy un ingeniero, y también un Asperger's, yo era conciente de muy cositas, por ejemplo dinero prestado de N$ 5. Yo hacía caso en cobrar a la gente por tan poquillo dinero que yo prestaba a mis amigos en México cuando no me pagaban. Aprendí de esas esperiencias que los mexicanos prestan dinero regularmente, y luego se les olvida. Mucho del tiempo no se cobran, y tampoco no se pagan. He aprendido ser más generoso y ayudable a ellos, y ahora si ellos necesitan algo, por decir un préstamo pequeño o algo razonable, se los doy sin esperar que me paguen después. En otras palabras ya no les cobro hasta el centavo como antes. Éste es uno de las maneras más importantes que he "ido a escuela" en México, y me ha ayudado triunfar sobre un rasgo de Asperger's – siendo demasiado consciente de detalles pequeños.

Todo en todo, México ha sido un lugar excelente para aprender más sobre la cultura, y Bustamante ha llegado a ser como un hogar afuera de mi casa. La mayoría de la gente allí me caen bien, y durante varios viajes, he llevado más que 50 bicicletas para dar a la gente que las necesitan. Otras cosas he llevado y cobrado a ellos solo al costo. Algunas de esas cosas incluyen madera rajada de Cedro por uno de los negocios de carpintería.

Obsesiones y Preocupaciones

Hay un rasgo de que solo me he salido en estos pocos años recién: obsesiones y siendo sobre preocupado acerca de cosas – de lo que gente haría, o si o no unas amistades seguirían. México y su cultura también me han ayudado en sobretriunfar mis obsesiones mordientes sobre las cosas. Me preocupaba acerca de mis nuevos amigos, especialmente algunos que todavía eran adolescentes. ¿Se quedarían sinceros y rectos? ¿Se quedarían afuera del licor y tabaco? ¿Seguirían siendo amigos verdaderos y fieles? Siempre yo necesitaba ese tipo de aseguramiento.

Allí en mi casa en Tennessee, también me preocupaba acerca de algunos de mis amigos y lo que ellos harían. Me acuerdo un pasado amigo, uno que sentí que estuve destinado conocer. Él estuvo tratando de dejar de fumar, y yo me preocupaba sobre sí o no podría quitar el mal hábito. Por mucho rato, yo pensaba que lo haría, pero al fin no lo hizo. Al contrario él quebró nuestra amistad. Él era uno que prefirió perder un amigo en el lugar de afrontar sus deficiencias para corregirlas. En otra mano, es probable que él me consideró demasiado metiche, persistente, y gorroso. Aunque yo no era así, y mis comentarios a él fueron por mi preocupación por él, resintió mi preocupación en el lugar de apreciarla.

Irónicamente, eventualmente habiendo perdido la mayoría de los amigos por quienes me preocupaba, he estado causado preocuparme menos. También me siento un poco avergonzado admitir que he tomado una actitud más afrentosa sobre eso. Pues no soy tan malo pero ya no me preocupo acerca de lo que mis amigos están haciendo. Como ya no estoy cuidando tanto como antes, mis sentidos de tensión se han aliviado. La vida me va más bien por mí ahora. Sí, todavía valoro mis amistades, no más que me he quitado de cuidar tanto y preocuparme tanto sobre sus deficiencias.

¡Vamos a salir a un tangente aquí para fregar a los cigarros! Cigarros son la maldición de la sociedad. He tenido más broncas y perdidas de amistades por culpa de los cigarros que cualquier otra cosa. He tenido que aguantar resentimiento – aun inquisición – ¡debido de pinchas cigarros! Me he dado cuenta que mucha gente prefieren sus cigarros sobre sus amigos. He probado la lealtad de gente por preguntarles si pueden tirar su paquete de cigarros al suelo y pisarlos, y fíjate que nadie lo ha hecho. Parece a mí que sus cigarros son mejores amigos a ellos que sus amigos humanos. Un "amigo" recientemente puso sus cigarros arriba de mí en preferencia. Puedes estar seguro que lo resentí. ¡No me gusta ser segundo escogido a los cigarros!

Un amigo de universidad me dijo que cree que fumando originó de alguien cuando trató de suicidarse. Fumando tiene que ser uno de las cosas más estúpidas que la gente hacen. No solo hace daño pero es terriblemente ofensivo y nocivo – ¡y apesta peor que el olor de zorrillo! Éste es cierto especialmente para las personas que tienen síndrome de Asperger's, porque muchas de ellas son muy sensitivas a olores. No entiendo como cualquier persona en su mente sana le puede gustar el cigarro. Pero como quiera este mundo tiene literalmente billones de fumadores. Cada vez que llego a un entronque de caminos, siempre hay alguien fumando en uno o más de los otros vehículos esperando en ese entronque. En este día y época, cuando sabemos muy bien acerca de los efectos dañosos de fumar, ¡estoy bien molesto que tan mucha gente todavía están fumando!

Algunos dicen que fumar es bueno para aliviar estrés y/o sentidos de tristeza. Pues, yo no puedo aprobar de esos tipos de métodos para aliviar estrés. Hay bastantes otras maneras mejores. Fumando NO debe que existir entre los humanos. Me siento seguro que hay otras sociedades de humanos allí en la galaxia donde no existe fumar para nada.

Sobreapreciación, Indiferencia Esforzada

Debe que ser obvio al lector que siempre he querido amistades – incluyendo mantener las amistades que tengo. Como he mencionado antes, tengo un sentido alto de lealtad a mis amigos. Uno de los misterios curiosos de la vida es que varios "amigos" piensan diferente. Éste no aplica a mis amigos verdaderos, los cuales siempre se alegran para verme y que disfrutan mi compañía. Son otros. Esos "amigos" de que voy a hablar son gentes que son aburridos conmigo y con mis conversaciones, aunque no hablo en mono tonos ni me pego en sujetos arcanos, por decir hablando acerca de estadísticas de béisbol o los horarios de trenes, por ejemplo. Algunos dicen que soy repetitivo, pero he visto gentes sin Asperger's que se repiten más que yo. Puedo sentir que algunos "amigos" no se sienten a gusto conmigo, tal vez porque ellos detectan que soy un poco diferente de ellos. Algunos de ellos aun me tienen disgusto.

Aunque yo había querido seguir una amistad con esos "amigos", he tenido que aprender la verdad dolorosa que ellos no me quisieron. Desde están aburridos conmigo, y parecen que se sienten incómodos en mi presencia, he tenido que hacerme indiferente a ellos. Se siente muy curioso a mí, como no es correcto que estoy esforzado ser indiferente a esas gentes. Siento que no es simpático de mí para ser así, pero entonces he estado esforzado actuarme así por culpa de sus mentes chuecas y su falta de reconocimiento de mi oferta genuina y sincera de amistad. Mi instinto natural es para saludar a la gente cuando les veo. Al contrario tengo que recordarme que ellos están fuera de la lista y tengo que recordarme darles la espalda. Me hace sentir vergüenza tratar la gente así.

En tratar de analizar ese fenómeno, parece a mí que cuando aprecio sinceramente a la gente – o mejor dicho, sobre apreciarles – eso es cuando me evitan misteriosamente. Entonces, tengo que ser más casual sobre eso, y pensar en (curiosamente) y apreciarles menos, porque si no lo hago así la amistad se friega. Entonces he tenido que llegar a ser más discreto sobre expresar mi apreciación. Si no, algunos pudieran pensar que soy demasiado intenso o que soy gorroso aunque no pienso que soy tan intenso. Mientras lo considero indiferente, aun arrogante a veces, para no poder expresar liberalmente mucha apreciación a un amigo, he aprendido expresar mi apreciación más reservada por temor de espantar a mis amigos. Curiosamente éste es lo que la sociedad requiere. Uno puede hacer una analogía acerca de mi apreciación de ser más discreto por compararla a volverse a un lado, en el lugar de apreciar directamente cara a cara.

Necesito anotar aquí que el sobre dicho fenómeno ocurre exclusivamente con los que, por un tiempo temporal, eran muy buenos amigos. Con los que son mis amigos más casuales, casi nunca tengo el sobre dicho problema. Tal vez tiene que ver con la verdad que no pienso tan mucho tiempo en esos amigos casuales, y por resultado la amistad funciona más fácil y nos llevamos más bien.

Veo la vida en la siguiente manera. Nunca, absolutamente nunca hago cosas a propósito para perder una amistad. Sin embargo, es absolutamente afrentoso la cantidad de la gente que misteriosamente me han evitado, o desarrollado disgustos y aun odio contra mí. ¿Existen seres no físicos de otros niveles que causan todo el sobre dicho? ¿O esas gentes creen mentiras sobre mí? Me hace averiguar a veces.

Amigos, ¿Sinceros o Por Destino?

A veces averiguo y siento que muchas gentes están *causados* por seres no físicos de otro nivel para ser mis amigos por un periodo temporal. En otras palabras, están puestos en mi vida para servir un propósito – tal vez para ayudarme a aprender una lección en la vida, o ser un puente a una oportunidad. Por el tiempo que son mis amigos, ellos se sienten a gusto conmigo, y disfrutan mi compañía. Sin embargo, esos sentidos no son de su propio acuerdo ni por razones genuinas. Ellos solo están *causados* sentirse a gusto. Ya cuando terminan de servir su propósito, se van, ¡ya no queriendo ser amigos conmigo! Aunque siempre soy simpático con ellos, es como si ellos de repente se realizan algo, ¡y se van volando! Creo que sería pidiendo demasiado mucho para seguir una buena amistad con esos tipos de amigos, aunque nos encontramos y nos conocimos por una razón temporal. Mientras creo que es cierto que encontramos ciertas personas en la vida de quienes necesitamos aprender cosas y que nosotros, en un sentido más amplio, creamos y arreglamos esas circunstancias, ¿qué daño va a hacer en seguir una amistad con ellos? Ninguno. Durante los años, he aprendido que hay muy pocos amigos genuinos.

Amistades como los sobre dichos que se han acabado me han causado sentir bastante triste – aun deprimido a veces. Para compensar, me voy de paseo caminando y acampando en las montañas. Algunas gentes me han recomendado tomar medicina. Hay muchas gentes que toman medicina para compensar por triste y esos tipos de pérdidas. Pues, yo no apruebo del uso de medicina como tratamiento por tristeza ni depresión, ni he tomado ninguna medicina por esas cosas. Claro que hay mejores maneras para compensar, por ejemplo, siguiendo buscar por nuevos amigos con quien disfrutar la vida. Por eso siempre estoy buscando nuevas amistades, para siempre estar reponiendo y compensando por las pérdidas. Esa es una de mis metas más importantes en mi vida, para seguir haciendo muy buenas amistades. Con los buenos amigos, la gente pueden sentir muy a gusto, sentir un sentido interior de paz, y disfrutar la vida.

En Memoria de mi Amigo, Martin A. Enticknap (1963 - 2003)

En junio de 1994, estuve caminando la vereda Pennine Way en el norte de Inglaterra y cuando entré en una casita de refugio retirado afuera de civilización, tuve la buena fortuna de encontrar y conocer a un muchacho llamado Martin Enticknap. Me contó algunas historias exóticas y varias experiencias, algunas de las cuales encontré muy interesantes. Me dijo que había escrito un libro sobre los delfines. Más, me contó una historia acerca de un vendedor galáctico ofreciéndole una canica de cristal en un sueño, de lo cual derivé y escribí mi trilogía de ciencia ficción del vendedor galáctico.

Martin y yo nos apuntamos nuestras direcciones y llegamos a ser buenos amigos. Estuvimos en comunicación regularmente por nueve años, siendo contactos literarios. Aprecio el tiempo que pasó platicando conmigo desde ese día predestinado. Tuvimos muchas conversaciones por teléfono, era un buen amigo, y también me ayudó bastante en leer y revisar mis novelas capítulo por capítulo mientras los escribí. Me dio sugerencias excelentes, acompañadas de ideas y conceptos para incluir en mis historias. Los varios conceptos que me dijo eran como catalistas o semillas, los cuales me estimularon a derivar más buenas ideas para incluir en mis libros. ¡Él era asombroso! Haz de cuenta que él dijo las cosas correctas en el tiempo correcto y sincronizado también. Por libros que escribo en el futuro, lo siento que ya no voy a poder compartirlos con él.

Martin y yo teorizábamos acerca de otros sistemas de estrellas, vida en otros mundos, los origenes de la raza humana, delfines, y aun árboles. Platicábamos acerca de muchas y varias ideas, como el origen de los hieroglíficos, Atlantida, teorías de la dislocación de la corteza del mundo Tierra, sistemas de energía quántum, cristales, y más todavía.

Martin Enticknap también era un buen amigo for sus habilidades sobre naturales de sintonizarse y poder entender el carácter de una persona. Era muy perceptivo. Nosotros teorizábamos acerca de los puntos de vista de la filosofía humana, y Martin me ayudó bastante durante muchas conversaciones cuando le conté varios problemas que me estuvieron pasando con amistades con algunas gentes. Realmente estuvo allí por mí y no se puso como si quisiera evitar platicar conmigo, como la mayoría de la gente hacen cuando alguien le cuenta un problema. Martin de veras era una persona muy especial. Va a ser difícil que la gente entiendan todo lo bueno que él ha hecho.

El extento del ayudo de Martin puede estar realizado en el siguiente ejemplo. Una mañana en el otoño de 1998, Martin me habló por teléfono y voluntó a mí una ofrenda. Estuve empezando a escribir mi tercera novela de ciencia ficción: *Heritage Findings from Atlantis* (Encuentros Herencia de Atlantida). Me dijo que había estado pensando mucho en mi nuevo libro y que vio una visión y que tenía algunas muy buenas ideas para mi novela. Desde estuve batallando en fijar ideas en ese tiempo, acepté con gusto la ofrenda de Martin, sus ideas y sugerencias, ¡y buenas ideas eran también! Él aconsejó que yo llevara mis personajes al norte de Alaska para ayudar en la construcción de una central galáctica secreta, y mientras están allí, encuentran por casualidad unas cabernícolas de personas de Atlantida. Las resusitan, y llegan a ser una parte mayor del proyecto, incluyendo diciendo a mis personajes donde existe su equipo escondido, muy fondo dentro de una montaña. Tomé dos páginas de notas, y me quedo impresionado a como Martin tenía más habilidad de sintonizarse a los sistemas de energía de una historia y captar el tema ¡mejor que yo mismo podía! Estoy agradecido a Martin por todo el ayudo e ideas que me proveyó. En mayo de 2000, me echó una buena sorpresa cuando me mandó por correo electrónico la fabulosa imagen de la portada de mi tercera novela, la cual había pintado en una programa de pintura en su computadora.

Martin diseñó la portada por la versión *original* de este libro. Cuando me la mandó por correo electrónico, me escribió el siguiente mensaje:

Hola Roberto,
   Pues, aquí está tu portada.
   La idea atrás de la foto es que estás en tu castillo, agua calmado alrededor de ti. Hay una barrera entre ti y el mundo, la ciudad en la derecha y el bosque en la izquierda, pero tu luz ilumina una manera de sobretriunfar la barrera, como luces de un carro mientras tú manejas para salir y conocer el mundo en tus propios términos. La luz tu perspectiva ilumina sobre el agua es para invitar los lectores dentro de tu mundo y reflejar atrás hasta el mundo de ellos otra vez, cambiados y desafiados por el viaje. El sujeto del libro no es fácil para presentar, pero éste es mi interpretación de tu excursión. Me gustan los colores, los cuales incluyen un tipo de naranja calmado, lo cual es tu color favorito, si me acuerdo bien.
   Todo lo mejor.
   Tu amigo, Martin.

Martin me ayudó mucho en leer la edición original de este libro, y lo revisó, tópico por tópico cuando lo escribí. A veces cuando estuve platicando con Martin, se pondría a hablar en una manera monserga, y comentarios brillantes salían, como si estuviera sintonizando al canal de la tema de mi libro, pues tal vez estuvo sintonizando a datos de otro nivel más arriba. Era durante esos episodes que Martin de repente dijo, "Asperger's no es una enfermedad, pero sincillamente una plantilla diferente de vivir. Ellos tienen un juego diferente de códigos con que funcionar. No deben que ser detestados ni evitados." Gracias a comentarios brillantes como esos, este libro es más rico con más discernimiento que al contrario habría sido.

Martin, gracias por ser tan buen amigo genuino conmigo. Como una vez escribiste, nuestra amistad era una "fuerza provocativa de pensamiento y también creativa en ambos nuestras vidas." Gracias por ayudarme sobretriunfar tantas obstáculos en mi vida. Haber tenido un amigo tan talentoso como tú era una bendición, un regalo especial. Vas a estar extrañado.

Martin Enticknap, el día que le conocí, 5 de junio de 1994

Robert Sanders y Fabian Flores, en México, febrero de 2003

Gilberto Hernandez, Robert Sanders, y Julian Amaro en el bosque arriba
en las montañas, México, septiembre de 1998

PARTE 5

ANECDOTAS E HISTORIAS BIZARRAS

Esta próxima sección contiene anécdotas de varios tipos de mal entendidos, los cuales he sufrido más que mi porción. Algunos me han causado a sentir bastante frustración, mientras otros sencillamente me han molestado. Claro que ha habido bastantes otros incidentes en adición a los que presento aquí. Algunos de éstos son bizarros y también ilustran los problemas que gentes con Asperger's tienen en establecer y mantener amistades. Aunque algunos de estas anécdotas me pudieran poner en un mal aspecto, en el punto de vista de mis lectores, es más importante *presentar* estas historias en el lugar de negarlas, para que ustedes lectores pudieran ganar conocimiento y discernimiento dento algunos de las dificultades que la gente con Asperger's tienen.

El Proyecto de los Álbumes de las Fotos Familiares

Tomé un gran proyecto de compilar libros álbumes de muchas fotos de la familia por los cuatro lados de mi familia en 1993 y 1994. Yo había sido interesado en genealogía desde que yo tenía diez años, y me hice seguro buscar los datos de mis antepasados tan atrás que yo podía en todas líneas. Yo había preguntado a mis abuelos, tíos abuelos, tías abuelas, y otros familiares por información. Conseguí una gran cantidad de datos, mucho de que hoy sería imposible obtener, desde casi todos los familiares viejos ya se han fallecido. Después de localizar las líneas de mis antepasados, tomé el proyecto de compilar la información de los descendientes. Ésto envolvió hacer muchas llamadas telefónicas y negociar con gente siendo muy acomodables hasta gente siendo muy flojas e inhospitables.

Era en el año 1993 que empecé a pensar como bueno sería para tener compilaciones completas de todos las fotos pertinentes y disponibles de mis familiares, incluyendo antepasados, descendientes, y familiares. También incluí fotos de reuniones de familia y aun fotos de las casas de los familiares. Con eso ya hecho yo podría consultar mi libro cuando yo quisiera y ver las fotos de todos mis familiares. Mis padres tuvieron muchas fotos viejas, desde estuve criado en la misma casa donde mis bisabuelos criaron sus siete hijos más que 100 años en el pasado. Tuvimos fotos en lámina, fotos de vidrio, y muchas fotos puesto en cartones. Fueron originales, y por muchos de ellos no había copias en ninguna otra parte.

Empecé a investigar la mejor manera de copiarlas a una compilación de un libro, y mandé hacer las fotos de medio tono de todos los originales en una imprenta local. Luego corté los medio tonos y los pegué a cada página pertinente mientras tecleé el texto al base de cada foto. Hice los álbumes de fotos por todos los cuatro lados de mi familia, y cada uno de los álbumes resultó a ser más que 100 páginas. En adición a las fotos, también incluí compilaciones genealógicas en las últimas páginas, acompañadas de reconocimientos de las fotos y los nombres, direcciones, y números telefónicos de todos los miembros de la familia. El proceso de compilar me costó algunos cientos horas de trabajo.

En adición a compilar la información, tuve que hacer viajes a los estados de Georgia y Norte Carolina y a otros lugares en Tennessee, para buscar las fotos. Por resultado visité *muchos* familiares.

(Una nota a un lado, antes de hice mi viaje a Atlanta, Georgia en medio marzo de 1993, ¡empezó a nevar y resultó en la peor ventisca que he visto en toda mi vida! Estuvimos encerrado por días, por culpa de acumulaciones de nieve estibado que se hicieron inpasables en nuestro camino de entrada. Ese tipo de cosa era más probable ocurrir en enero o febrero, ¡pero *nunca* en marzo! Era increíble en ese tiempo del año en Tennessee. Algo está cambiando en el ambiente de la naturaleza, el efecto invernadero acompañados de otros factores ¡por culpa de nuestro uso de combustibles fósiles y los millones de acres de bosques ecuatoriales siempre estando talados!)

Durante mi proyecto yo era persistente, muy detalloso y meticuloso con mi proyecto. Muchos de mis familiares fueron simpáticos y acomodables, y también me dieron elogios, pero había otros que no fueron simpáticos. A veces encontré hostilidad y también había unas ganchas de pleito.

Una bronca que me pasó por culpa de mi persistencia envolvió una prima de mi papá en Norte Carolina, una hija de un tío abuelo allí. Desde él tenía casi 90 años, seguro que quise ir a verle. Pues, manejé mi carro más que 500 millas para llegar a ese lugar de Norte Carolina, y me quedé con sus nietos. Mientras estuve allí, ellos llamaron a su tía (su hija) para arreglar la cita para visitar a mi tío abuelo, desde él estuvo parcialmente bajo su cuidado. Inmediatamente ella declaró, "¡Absolutamente no! ¡Dile que se regresara a su casa!" y ella colgó a ellos. Eso me dio coraje. Entonces inmediatamente yo le llamé por teléfono ¡y yo le dije que no había ninguna manera que yo iba a regresar a mi casa hasta que ya yo había visto a su papá, que era mi tío abuelo y un miembro amado! La mujer firmemente me dijo que no tuve ningún derecho ver a su papá, que se enoja con visitas, y me reiteró que me regresara a mi casa. Cuando le dije las tantas millas que yo había manejado para venir, ella me dijo, "¡¿Qué tiene que ver que manejaste 500 millas?!" Entonces proseguí a pedirle que si me pudiera llevar a su papá, y ella contestó con, "¡Claro que no, y si vas como quiera, voy a llamar a la policía!" Ella había escrito una carta recién a unos familiares en común, una carta muy fría, cuando ellos habían pedido ver a su papá. Discutí con ella y firmemente le dije como hostil me estuvo tratado, y que la carta que ella escribió a nuestros primos les había disgustado bastante. Ella colgó el teléfono a mí. Más tarde en ese día, fui a hablar con su esposo para "sacar permiso". También me dijo que no, y no me quiso acomodar. Desde estuve bien enojado y a fuerza quise ver a mi tío abuelo, la esposa de uno de sus nietos me llevó como quiera a la casa de ancianos donde mi tío abuelo estuvo viviendo.

Pues, estuvo alegre para verme, y me dijo *gracias* por haber venido. No se enojó para nada, y no dijo gracias solo por la cortesía. Fue sincero. ¡Esa hija de él me había echado mentiras! No sé porque ella se portó como una barrera de hielo ni porque se portó tan mala conmigo, pero lo que sé es que ella era sobre protectiva y muy posesiva de su papá. Actualmente ella estuvo muy afuera de la línea. En toda manera, me alegro que fui a visitarle porque se murió pocos años después.

Necesito mencionar que hay otro primo de la familia quien fue a escuela con la hija de mi tío abuelo, y ellos habían tenido una buena amistad. Un día cuando él estuvo pasando su pueblo, le habló a ella y pidió ver a su tío. ¡Graciosamente ella le llevó directamente allí! ¿¡Eso es doble estándar, o no!? Haz de decir que siempre va a haber gentes que odian a nosotros que somos persistentes. Tal vez él no es tan persistente como yo, pero tengo que apuntar que ella ya me había puesto su declaración que, "¡Absolutamente no!" *antes* de me puse persistente y conflictivo con ella.

Mientras estuve compilando los álbumes, escribí unas cartas de anuncio, las cuales mandé a todos miembros de la familia ofreciéndoles la oportunidad de comprar mi compilación, y apunté que iba a ser un libro importante y de valor por todos miembros de la familia por generaciones venideras.

Cuando terminé compilar los álbumes, busqué por el mejor tipo de copiadora para duplicar las muchas páginas de fotos medio tonos. Otro primo de mi papá (un buen hombre) me suplicó gratis 20 paquetes (10,000 hojas) de papel excelente de peso 70 libras. También me puso en contacto con Xerox Business Services en Nashville. Fui a hablar con ellos, y me presentaron a las copiadoras Xerox 5090 y el Xerox 5390, las cuales tuvieron ahí mismo en su negocio. Eran máquinas excelentes, y las copias de los medio tonos salieron perfectas. Por el primer libro en 1993, fui a sacar las copias ahí mismo en Xerox Business Services. Organicé las páginas, atasqué las páginas en forma de GBC, y luego vendí al costo las copias a toda la familia. Por algunas copias los mandé atascar en pastas duras, y algunos estuvieron impresos en papel libre de ácido también.

El próximo año, 1994, Xerox Business Services ya no tenía sus máquinas. Entonces tuve que buscar por lugares de negocio que ocuparon esos tipos de máquinas. Pregunté por teléfono a una señora con Xerox cuales lugares en el área de Nashville tuvieron máquinas de Xerox 5090 o 5390. Ella me habló para atrás y me suplicó con el nombre de una imprenta esquina en el oeste de Nashville, y me dijo que ellos podrían hacer mi trabajo. Llamé al dueño para fijar el precio. Expliqué el tipo de trabajo que yo necesitaba, el peso del papel que yo necesitaba, y cuantas hojas estarían ocupadas en todo el proceso. Él me dijo que tendría que calcularlo y que me hablaría después. Le dije que en caso de yo no estuviera en casa al momento que me llamara para dejarme un recado en mi contestadora. De repente se puso enojado, y me dijo que no estuvieron dispuestos para dar el precio más bajo en el pueblo. ¡Me dijo que yo llevara mi proyecto a otro lugar, y colgó! Eso me dio coraje. De volada le hablé otra vez y le dije que me encantaría ir a otro lugar, que no me gustó como me trató, ¡y si quiere clientes, necesita portarse bien con ellos!

Eso no fue el único lugar de negocio que me había maltratado. El año anterior, otra imprenta de esquina se había puesto misteriosamente enojado conmigo al momento cuando pedí si yo pudiera atascar por mí solo unos libros en forma de GBC. La mujer de repente me dijo que NO y me dijo también que ya no les molestara, porque nunca hice nada valoroso con ellos en toda manera, ¡y con eso dicho, ella colgó! Puedes estar seguro que fui personalmente al negocio donde le confronté y le dije que necesita portarse bien con sus clientes.

Otra vez llamé por teléfono a la señora de Xerox, y le dije lo que me había pasado. Le pregunté si hubiera otros negocios, aparte de los que ya me había dicho, que también ocuparon las máquinas Xerox 5090 y 5390. Me contestó por decirme que ya había hecho bastante y que ya no pudo hacer nada más para ayudarme. Ella también me dijo que ya me había dado toda la información que podía. Por resultado, saqué el directorio telefónico de Nashville y llamé a todos los imprentas en esa ciudad. Encontré un negocio llamado AlphaGraphics. Ellos tuvieron disponible una máquina Xerox 5390. En la misma conversación telefónica, ellos inmediatamente me dijeron cuanto me costaría por página, y ellos se portaron razonables y amistosos y me acomodaron. Llevé el proyecto a ellos e hicieron el trabajo bien hecho. Al fin del trabajo, les pagué, y ellos me dijeron gracias por haberles traído mi proyecto. Ahora sí, eso es lo bueno.

Lo que quiero saber es, ¿por qué la señora de Xerox no pudo molestarse decirme acerca de AlphaGraphics? Después de todo, ellos tienen un record de todos los lugares de negocios a quienes alquilan máquinas de Xerox, incluyendo los modelos 5090 y 5390. Ella dijo que ya me había dado toda la información que podía, pero en verdad no lo había hecho. Más, no le conviene a Xerox cuando sus empleados no dicen a clientes potenciales donde sus máquinas están alquiladas, porque Xerox gana dinero por cada copia que está sacado, cuando *sus* máquinas son las que están usadas.

¿Por qué yo quería usar solo las máquinas Xerox 5090 o 5390? En 1993, estuve buscando por la mejor copiadora para copiar mis medio tonos. Yo había visitado bastantes lugares de negocio y probado algunas 20 máquinas diferentes, ambos grandes y pequeñas, y todas copias de las imágenes salieron borrosas o granosas. Entonces, estuve sorprendido con alegre cuando Xerox Business Services me sacó una copia muestra de uno de mis medio tonos, con su modelo 5090, y el resultado era una imagen buena y clarita. ¡Excelente! Yo había hallado la máquina correcta para mi proyecto.

Todo en todo, la mayoría de mis familiares realmente estuvieron emocionados con mi proyecto. Anduvieron alegres y dijeron que los libros eran un tesoro a la familia. Me felicitaron por mi trabajo bien hecho y dijeron que era una cosa muy generosa para hacer. Me dio mucho gusto haberlo hecho y por haber cumplido un proyecto que la mayoría de mis familiares admitieron era demasiado grande por cualquier gente para tomar. También me dio mucho gusto que los miembros de mi familia estuvieron impresionados por todo el trabajo que ese proyecto había requerido.

Algunos de mis familiares eran generosos y me donaron dinero extra para completar pagar por el proyecto. Recibí suficientes donaciones para muy apenas pagar por todo el costo del proyecto. Una de las primas de mi papá, la hermana del buen primo que había donado 20 paquetes de papel, donó US $100 extra. Aprecio mucho el apoyo de familiares como ellos.

Mi premio en todo ésto era en saber que esas imágenes fotográficas, algunos que son afuera de tener precio, fueron reproducidas y distribuidas a todos miembros de mi familia en un formato tan organizado.

Especialmente anduve alegre por tener toda la familia organizado, ambos en fotografías y en genealogía, y también para ver la satisfacción y apreciación de mis familiares.

La Bronca de la Foto de la Niña

Cuando estuve juntando fotos por la familia del lado de mi mamá, visité una familia en Atlanta, Georgia que no me quiso acomodar. Había una fotografía de su sobrina que había muerto atrás en los 1950s de una enfermedad misteriosa cuando tenía 2½ años. Cuando mostré interés en incluir y reproducir esa foto en el álbum de la familia, la esposa de mi primo de repente se puso muy protectiva, y en una manera de una gallina madre, ella me dijo que NO iba a soltar esa foto a mí hasta que sacara permiso de su cuñada, la mamá de la niña que había muerto. Pues yo quería incluir a todos en mi album. No quise faltar a nadie. Sí, yo era persistente, y simpáticamente le pedí varias veces, explicando la importancia de incluir a todos, pero ella no quiso entender y se quedó con la respuesta que no, apenas sacar permiso de su cuñada.

Después me di cuenta que en el lugar de sacar permiso como me había dicho que iba a hacer, ¡ella llevó la foto directamente a su cuñada y se la devolvió! Ella *nunca* le pidió el permiso para que estuviera puesta en mi álbum. Tuve que llamar a esa cuñada yo mismo, quien entonces dijo que lo pensaría, por como era una cosa muy sensitiva y emocional para ella, habiendo perdido su niña a la edad de 2½. Ella también había sido insultado por su suegra, quien había echado la culpa a la mamá por la muerte de su niña, que no fueron a un doctor en tiempo, etc.

Dos semanas después, finalmente me di cuenta por medio de mis primos inacomodantes que la cuñada ¡NO quiso esa foto en mi álbum de la familia! ¡Que ridiculoso! Eso me disgustó porque su comportamiento no era razonable. Jamás nunca vi esa foto otra vez. Entonces cuando hice mis libros, tuve que poner un rectángulo en el lugar de la foto que dijo, "Esta foto existe, no más que NO es disponible por reproducción en este libro."

Mis deseos tienen que haber llamado mucha atención con la prima política que era como una gallina protectiva, porque ella después me dijo que estuvo disgustada por mi persistencia, más otras cosas. Estuve listo para entregar las copias de los libros álbumes de la familia a todos mis familiares en Atlanta durante la navidad de 1994, y estuve batallando bastante para encontrar quien me recibiera en su casa durante la noche de navidad. Es seguro que ella me dijo que NO y dijo que le disgustó a ella que no estuve con mi propia familia durante la navidad. Ella se hizo no disponible cuando fui a Atlanta con los álbumes. Entonces dejé el libro al pie de su puerta y le escribí una carta diciendo que para mí, la navidad era entregar los libros álbumes de la familia a todos mis familiares con la esperanza de gustarles con una pieza de trabajo muy fino. ¿Era demasiado mucho haber pedido a mis familiares que recibieran su primo (yo) durante la navidad? Entonces finalmente hallé unos familiares con quien quedarme en el norte de Atlanta. Haz de decir que ellos son judios.

Acerca de la prima política que es como una gallina protectiva, y su cuñada, con quienes mi mamá era buenas amigas atrás en la escuela prepa y universidad, ya nunca nos han hablado desde esa bronca. ¡¿Pues qué hice?! Es increíble como algunas gentes son demasiada sensitivas, y como ellos guardan coraje como si fuera joyería. ¿Por qué no pudieron haber seguido contacto con nosotros como siempre habían hecho anterior?

Algunos meses después, hablé con el tío de mis primos, quien es un hermano de mi abuelo. Me felicitó bien por mi libro álbum de la familia y me dijo, "Roberto, reconozco que había algunos de nuestros familiares que no apreciaron tu libro, pero quiero decirte que yo *realmente* aprecio tu libro fino. Tú hiciste un trabajo excelente." No le hace esos primos negativos. A lo menos mi tío abuelo y sus hijos saben lo que quiere decir apreciación, y me siento satisfecho que a lo menos pude dar gusto a *ellos* con ese libro.

La Tormenta de Agua Nieve de 1 de Marzo

Yo estaba en octavo grado, ¡y de repente en sábado, 1 de marzo de 1980 llegó una tormenta de agua nieve! Yo había hecho planes que un buen amigo compañero de escuela llamado Chris viniera al rancho para visitar por el día, pero el cambio rápido del clima por el peor causó que los planes estuvieron cancelados. Chris y yo íbamos a ir caminando en las lomas de Versailles, unas pocas millas sur oeste del rancho. Yo quería ir como quiera, pero los caminos eran muy resbalosos y con tanto hielo que el papá de Chris dijo que no le podría traer al rancho. ¡Más estuvo muy frío! Sin necesidad decir, estuve disgustado.

Chris no podía venir, y no pude causar que venga. (Finalmente vino el cinco de abril.) Aunque tuve que aceptar el cambio de planes en ese día, había una cosa que prohibí estar cambiado – ¡esa caminata! Al despecho de que hizo mucho aire frío del norte, lluvia helada y nieve cayendo, y una temperatura de menos ocho grados centígrados, me puse ropa de frío, una pasamontañas hecho de lana, y salí caminando a las lomas de Versailles. ¡Subí esa loma! Llegué encima y todo se veía muy diferente por como el suelo tenía mucha agua nieve. Regresé caminando a mi casa sin problemas, y la caminata fue bien. Era un día único lo más seguro. Uno puede ver que a fuerza quise tomar esa excursión, con o sin Chris. También lo hice por una manera de protestar contra el cambio en los planes debido al malo clima. Entonces el día no fue una perdida entera porque tercamente hice esa parte del día correcta.

El Incidente de la Máquina de Escribir

En mi último año de la escuela prepa, estuve tomando un curso de teclear para aprender como teclear con todos los dedos en el lugar de solo un dedo. Mis padres tuvieron dos máquinas de escribir en casa y las dos eran máquinas manuales. La escuela prepa tenía un flete moderno de máquinas eléctricas IBM, todos llevando una bola que rota rápido en el lugar de palitos tipos normales, y todas ellas llevaron un botón de retorno en el lugar de la palanca. Estuve medio disgustado que *todas* las máquinas de escribir eran eléctricas. Los tecleos eran súper sensitivos. Si aun pensaste en tocar un tecleo, ¡la bola de repente tronó una letra en la pieza de papel! Cada noche en mi casa, yo practicaba las mismas lecciones que tuvimos en la escuela en la máquina manual para que yo estuviera seguro saber como teclear en esa máquina también.

Una noche de domingo, unas semanas dentro del curso, estuve mirando a una película de Disney. Por casualidad salió un episodio de una clase de teclear en una escuela prepa, y todas las máquinas eran manuales de marca Royal con palancas retornos normales. Sentí envidioso y eso me hizo desear que la escuela prepa donde yo asistía también hubiera ofrecido el uso de máquinas manuales. Ni siquiera una de las máquinas era manual. Pues, decidí de arreglar esa situación, a lo menos para mí, digo yo. Mi clase de teclear era el sexto periodo, entonces después del quinto periodo, caminé a mi carro, y con alguna dificultad, llevé la máquina de escribir de mis padres, el Royal, a esa clase. Alcancé a meterla en la clase sin la maestra darse cuenta. Quité la máquina eléctrica IBM y la puse al piso próxima de la mesa, y luego puse arriba la máquina Royal en su lugar, y empecé a teclear como todos.

Como 20 minutos después de la clase empezó, la maestra se dio cuenta y se fijó en la máquina, y comentó con interés, "¿Pues, qué es lo que tenemos aquí? ¿De dónde ha venido eso?" Ella tenía una sonrisa en su cara. No pude resistir reír, y le expliqué que yo había traído la máquina porque quise usar una máquina manual a lo menos un día en esa clase.

Muchos de mis compañeros se acordaron del incidente único de la máquina de escribir por varios años venideros.

El Incidente de No Pan en la Mesa

Atrás en los últimos días de febrero de 1986, me quedé con unas parejas recién casadas llamados Jeff y Mary en la Isla Sur de Nueva Zelanda. Yo y mis padres les habíamos conocido el otoño anterior cuando ellos estuvieron viviendo en Tennessee. Una tarde como un gesto de amistad, les habíamos recibido en nuestra casa para cenar con nosotros. Después viajé a Australia y Nueva Zelanda para andar de paseo y disfrutar las vistas. Bueno, cuando estuve en Nueva Zelanda me quedé con ellos algunos días. Las cosas fueron bien, y fui caminando pidiendo aventón a Milford Sound donde caminé la vereda Routeburn Track, y luego regresé a la casa de Jeff y Mary para quedarme dos más noches antes de coger para el norte. Llegué un día más temprano que yo había anticipado, pero como quiera me recibieron.

Esa tarde, Jeff y Mary de repente decidieron bañarse juntos, y se fueron corriendo al baño. Unos minutos después mientras estuvieron bañando – y no abrí la puerta – les pregunté donde estaba algo en la cocina de la casa porque no pude encontrar lo que estuve buscando. Oí unos sonidos de gruñir. Luego Jeff contestó mi pregunta y me dijo donde encontrar lo que estuve buscando. Dije gracias y fui a la cocina.

El próximo día, fuimos al rancho de los padres de Jeff, y le ayudé juntar mugrero después de emparejar su camino de la entrada, y luego le ayudé mochar en pedazos unas viejas ovejas muertas para echar a los perros. También quemó las cáscaras y cabezas de las ovejas muertas en una lumbre grande. Por este trabajo no me pagaron ni les cobré. Después de eso, entramos en la casa de sus padres para la comida – un almuerzo bueno conteniendo terneros de oveja, zanahorias y papas, acompañados después con chabacanos y budín de vainilla. Jeff y su papá estuvieron mirando un juego de Cricket en la tele. Antes del budín de vainilla estuvo servido, me fijé que no había pan en la mesa, y inocentemente le pedí pan a Jeff.

De repente contestó, "Por almuerzo no hay."

Otra vez pedí, "¿Puedo tener pan por favor?"

Jeff contestó, "¡No pienso que necesites pan por almuerzo!"

Dije, "Es que solo quiero hacer un sándwich." No le dije específicamente que quise hacer un sándwich con las papas.

Jeff dijo en una manera corajuda, "¡Mira cuando estuve en *tu* casa, comí lo que estuvo puesto enfrente de mí! ¡No pedí por más!"

Bastante espantado le dije, "Pues . . . bueno, pero si tú hubieras pedido, te habríamos dado más."

Ahora Jeff ya no me hizo caso y siguió mirando atentamente el juego de Cricket que estuvo en la tele. No tuvo ninguna compasión. Mientras, yo andaba bien molesto por su (de repente) inhospitalidad. No era como Jeff para portarse así. Antes siempre había sido amistoso y hospitable, y era afrentoso su cambio de comportamiento contra mí. Después de todo, yo había estado pidiendo pan en otras casa, y mis hospederos siempre me lo habían servido con gusto. No había nada malo en pedir pan.

En la mañana siguiente salí de Jeff y Mary cuando cogí para el norte. No pude molestarme en afrontar a Jeff sobre su mal comportamiento de ayer, pero el día siguiente le escribí una carta de gracias a Jeff y Mary, y en la carta le reclamé y le dije como malo se había portado conmigo en ese incidente y que era una cosa no querido.

Hace casi 20 años desde ocurrió eso. Nunca he oído de él desde entonces, ni siquiera una tarjeta de navidad. ¿Por qué no tuvo la decencia para escribirme y pedir disculpas? Mis padres y yo después hablamos con un amigo de él en Tennessee, y seguro que se quedó averiguando. Nos dijo, "Ese comportamiento no parece como Jeff para nada."

Entonces estuve averiguando por mucho tiempo, ¿Qué es lo que hice? ¿Qué se metió en Jeff? Entonces – y era muchos años después – realicé que es probable que venía de la verdad que hablé a Jeff por la puerta cerrada del baño, cuando él y Mary estuvieron bañando juntos, y aunque nunca abrí la puerta, tuvo que haberme resentido bastante. Por como resultó, invadí su privacidad, aunque no era con ninguna mala intención, ¡y esa "invasión" por eso interrumpió su momento de *éxtasis* con su esposa!

Tengo que declarar que mucha gente son muy intolerantes, y es afrentoso a mí como ellos cortan una amistad por muy cositas. Reconociendo que resultó a ser una equivocación que hablé a Jeff cuando él y Mary estuvieron bañando juntos, ¿por qué me resentiría por solo eso? Después de todo, no abrí la puerta, y no les vi *haciendo* el amor. En verdad pienso que me porté bastante bien allí, y por como no me desesperé a su arrebato de inhospitalidad durante la comida.

El Incidente de la Media Noche con la Policía

En mayo de 1983 cuando yo tenía 17 años, estuve en ruta a Monterrey, Nuevo León, México para visitar y quedarme con la familia de un estudiante de cambio que había ido a la escuela prepa conmigo el año anterior. Él había estado en unos de mis clases. Mi maestra de español había arreglado esta estancia mía y fue ella que me estuvo mandando para allá. Estuve anticipando con gusto mi estancia. Ésto sería una gran oportunidad de practicar mi español y hacer unos amigos en México.

Era un viaje de dos días por autobús. Llegué a Dallas como a las 12 en la noche. Uno de mis primos, Joe Gray, vino a la estación de autobuses para recogerme, desde yo iba a quedarme con él y su familia en Dallas por dos noches. Cuando el autobús llegó a la estación, bajé y fui a recoger mi equipaje al lado del autobús. Ya estuvieron bajando las maletas, y encontré mi maleta fácilmente. Empecé a cogerla, ¡cuando de repente un vigilante me gritó diciéndome que no la tocara! Yo le dije que era mi maleta. Luego, se puso agresivo conmigo, entonces saqué mi boleto con los números del equipaje engrapados y se lo enseñé diciendo, "Ésta es mi maleta. ¡Mira, tiene los números iguales! ¡Me la voy a llevar!" Rápidamente y firmemente recogí mi maleta y empecé a entrar la estación. Me sentí enojado también. Pensé que era muy curioso que él me prevendría de recoger mi propia maleta. Pronto el hombre me estuvo gritando algunas amenazadas a mí que si yo no bajara la maleta inmediatamente, que me haría algo, pero seguí caminando. Luego oí una mujer gritar, "¡Habla a la policía!"

Joe Gray, mi primo, llegó exactamente al momento necesitado, gracias a dios. Caminé a él, maleta en mano, y nos saludamos. Entonces le dije que la policía estuvo viniendo porque yo había recogido mi maleta. Me miró en una manera confundida, y respondí con un gesto similar porque no supe que problema el vigilante tenía conmigo. Estuve en temor y espantado sobre lo que la policía iba a hacer a mí. Un minuto después cuando la policía llegó, Joe quien media 6' 3" me defendió y habló duro con el señor de la policía. Joe era más alto que ese señor también.

"¡Mira aquí, oficial! Roberto solo estuvo recogiendo su maleta. ¿Desde cuando es una violación hacer eso?"

"¿Es un familiar tuyo?"

"Sí, es nuestro primo."

"Pues, deben que recoger sus maletas dentro de la estación de la banca," el oficial explicó.

"¿Cómo en el mundo puede saber eso? Además, él tiene los números iguales," Joe le apuntó.

El oficial de la policía era más simpático que la mayoría de los oficiales, y en una manera calmada explicó el proceso a Joe. Luego verificó mis números iguales. Cuando se fijó que verdaderamente tuve los números iguales, nos despidió bien, regresó a su carro, y se fue. ¡Whew! ¡Que bueno que se resultó bien! Joe y yo fuimos a su carro y me llevó a su casa.

En todas las estaciones de autobuses en que yo había estado, el proceso normal siempre era recoger tu equipaje al lado del autobús. ¡Nunca me había ocurrido irme *dentro* de la estación para recogerlo de la banca! Tal vez pudiera haber un señal puesto en un lugar, pero entonces ¿cómo debo que saber buscar por esa señal? El chófer del autobús por cierto nunca nos avisó. Que suerte que mi primo llegó en tiempo para recogerme y salvarme. Estoy muy agradecido con él por haberme rescatado de la policía esa noche.

La Cruce Nación Autobús Aventón Inquisición

En el otoño de 1989, tomé un autobús a Los Ángeles, California. Subí el autobús en Nashville, Tennessee, ¡y resultó a ser la aventón peor que todas! En esos días, todavía se permitían fumar en los últimos tres hileras de asientos, lo cual era lo mismo malo como si estuviera permitido en todas partes del autobús, por culpa de ventanas cerradas y aire acondicionado. Estuve en ruta a Los Ángeles para coger un vuelo de Qantas Airways a Australia. (Si yo hubiera sabido como fea iba a ser la aventón, yo sincillamente habría volado a Los Ángeles, al despecho de la verdad que un boleto para volar era como cuatro veces más caro en esos días.) Aunque estuvo permitido fumar en la parte atrás del autobús, lo cual hizo la aventón muy miserable, era una violación seria por el chófer fumar mientras manejando. Me senté en el frente del autobús para alejarme lo más que posible afuera del humo de cigarro.

Después de un descanso, cuando volví a subir al autobús en El Paso, Texas, la mitad del la cruzada ya cumplida, enseñé mi boleto al nuevo chófer, y me quitó ambos el boleto a Phoenix y también el boleto de Phoenix a Los Ángeles. Le pregunté porque hizo eso y contestó que era el procedimiento estándar. Pensé que eso era curioso. Después de todo, solo estuvo manejando el autobús a Phoenix, y el próximo chófer a Los Ángeles era quien hubiera quitado el próximo boleto.

Ya cuando estuvimos en la autopista afuera de El Paso, el chófer tiene que haber pensado que estuvo arriba de la ley, porque sacó un cigarro. Al momento que le vi sacarlo, le pedí que no fumara. El contestó que iba a fumar como quiera. Reiteré lo que pedí aun usando las palabras *por favor*. Me puse persistente por como le pedí, lo cual tuve 100% derecho hacer. Después de todo, ¡no se permitía fumar en el frente del autobús! Finalmente, el chófer se paró en la orilla de la autopista, bajó, y ahí mismo acabó su cigarro mientras estuvo parado al par del autobús. Cuando reentró, me llamó un nombre vulgar, ¡acompañados de otros comentarios negativos! Me amenazó que me llevaría a la policía si yo siguiera molestándole. Le dije que si haga eso, yo tendría que reportarle por fumar en el autobús. ¡Entonces prosiguió a fumar mientras manejando, diciendo que ya no cuidó lo que pensé! ¡Lo que encontré afrentoso es que ninguna otra persona objetó que él estuvo fumando!

Llegamos a Phoenix en las primeras horas de la mañana, y me quejé con servicio de clientes sobre el comportamiento rudo del chófer. Ellos no me mostraron suficiente compasión, y todo el tiempo que me estuve quejando a las personas del servicio de clientes, ¡sentí como si ellos vieran a mí, y tal vez a todos, como incompetente y de la segunda clase también!

Conseguimos un nuevo chófer en Phoenix, por culpa del diablo, ¡y lo más seguro era un hijo de perra! Brincó arriba del autobús y lo llevó recio, ni siquiera saludándonos ni presentándose a nosotros como la mayoría de los chóferes habrían hecho. Unas cuadras afuera de la estación, simpáticamente me presenté a él, diciéndole de donde yo e . . . ¡e inmediatamente me gritó fuerte diciendo que ya tuvo conocimiento de mí y que no iba a jugarse con mi %*&! Por culpa de su mal comportamiento, le pedí que me regresara a la estación. Me dijo que me iba a bajar allí en Blythe, 150 millas al oeste de Phoenix. Otra vez pedí que me regresara a la estación. ¡Corajudamente me dijo que me callara o me fuera a bajar ahí mismo en la calle, varias cuadras afuera de la estación! Le dije por una tercera vez que me regresara a la estación, pero ya no me hizo caso y me llevó a Blythe como quiera.

¡Era tan ogro y me había espantado tanto que ni siquiera le confronté ni objeté cuando prendió varios cigarros en ruta! ¡Es que no quise estar bajado en la orilla de Autopista 10 allí en el monte de Arizona 50 millas afuera de cualquier pueblo!

Cuando llegamos a Blythe, bajé y le pedí mi boleto. Tardó un rato para encontrarlo, y mientras estuvo buscando, ¡me acusó de tratar de irme por autobús de gratis! Yo le dije que pagué por mi boleto correctamente, y que el chófer anterior me había quitado las dos páginas de los boletos incluyendo la porción de Phoenix a Los Ángeles, allí en El Paso. ¡El chófer me dijo que yo era un idiota, y le dije que yo no soy ningún idiota! Finalmente encontró el boleto y me lo devolvió. Es la única cosa que él hizo bien. Cambié autobuses en Blythe, y esta vez tuve un chófer simpático que me llevó bien a Los Ángeles.

Pero en toda manera todavía estuve bien enojado a esos dos chóferes anteriores, por como ellos fueron horribles y descorteses en la manera que me trataron. Asegúrate que me quejé sobre ellos al momento que llegué a Los Ángeles. En adición a llenar una forma de quejas, escribí una carta de cinco páginas a la oficina central de los autobuses, y reporté todos los detalles que me pasaron – que estuve muy espantado, que estuve temblando con temor, y que ellos rompieron la ley con sus cigarros, sus amenazadas, y sus tácticas de espantar. Dije a la compañía que si quieren evitar demandas de otras gentes, tendrían que prohibir enteramente fumar en los autobuses. También dije a la compañía que necesitan emplear chóferes que verdaderamente son seguros, corteses, y simpáticos, lo cual su señal enfrente del autobús y arriba del chófer hace entender a todos.

Aunque mi viaje a Australia y Nueva Zelanda había empezado muy mal, los meses que me pasé allí y mi viaje fueron bien. Como un mes después de escribí la carta a la central de autobuses, recibí una carta de disculpas de uno de los ejecutivos. ¡Dijo que iba a empezar una investigación intensa inmediatamente! No me devolvió el dinero por mi boleto, pero me dio un cheque de unos miserables $20 y dijo que esperó que yo diera una segunda oportunidad a la compañía y que quisieran restaurar mi fe en ellos.

Mientras $20 era algo, no era mucha compensación, especialmente considerando toda la angustia que yo había sufrido. Tomé la decisión que mientras permitieron fumar en los autobuses jamás nunca iba a subirme a otro autobús – con excepción del estado de Oregon, porque aquel estado tenía una ley contra fumar en los autobuses. Entonces, cuando regresé a Los Ángeles de Australia, *volé* por avión para regresarme a Tennessee.

Escribí el ejecutivo de la compañía de autobuses y le dije gracias por pedir disculpas y por el cheque. Escribí también a mis representativos del congreso federal, pidiendo que pasaran leyes para prohibir fumando en todos los autobuses. Después de todo, Oregon tenía una ley contra eso y California recién lo había prohibido en 1988 – también Australia y Nueva Zelanda. ¿Entonces por qué los Estados Unidos no podía avanzarse a tiempos modernos para juntarse con ellos? Me cayó una sorpresa. La misma compañía de autobuses, la cual sus dos chóferes me habían causado tanta angustia, de repente prohibió fumar en todos autobuses de su flete de acuerdo con su nueva póliza, y los Estados Unidos pronto siguió con una ley federal ese mismo año en diciembre.

Creo que mis cartas realmente hicieron una diferencia. La mayoría de la gente, como observé en ese viaje de autobús, no se molestan a objetar, ¡pero yo sí! Pienso que esa compañía de autobuses tomó en cuenta seriamente mi carta. No quisieron problemas con demandas de pasajeros en el futuro, tampoco toda la contaminación que sus chóferes y pasajeros estuvieron recibiendo.

Compensación de Aventón de Autobús

En julio de 1990, el año después de mi experiencia horrible, de verdad les di a la compañía de autobuses otra oportunidad – esta vez en el estado de Oregon. El chófer era bueno. Le conté la historia de lo que me había pasado en octubre del año pasado. Cuando le enseñé mi miserable cheque de $20, me lo devolvió y me dijo, "Ocúpalo en tu próximo viaje. Puedes tener esta aventón regalada de nosotros. Lo siento por lo que te había pasado el año pasado." Pues eso era verdaderamente sincero y simpático de él.

Unos días después, saqué con un talache unos retoños de árboles, casi todos siendo coníferos de las Montañas Cascadas de Oregon. Con cuidado les envolví dentro una caja, y en el lugar de usar el cheque de $20 por servicio pasajero en el futuro, lo ocupé para mandar mis arbolitos a mi casa por autobús.

Haz de decir que no todos de mis experiencias en los autobuses han sido negativos. Cuando estuve en Australia, viajé por la línea de autobuses llamado Deluxe Coach Lines y tomé un viaje de quince días al oeste de Australia, y también al lugar en el centro del país para visitar Alice Springs y Ayer's Rock. Todos los chóferes eran corteses, y cada uno tenía un sentido del humor, casi chistoso.

En adición a eso, mientras estuve en Tasmania y pidiendo aventón para regresar a mi carro estacionado, después de haber caminado seis días, un chófer simpático por la línea Morses' Coaches de Devonport paró su autobús por mí diciéndome, "Súbete." Estuvo llevando 20 caminantes al mismo lugar del parque donde estuve regresando y tuve mi carro estacionado. Cuando subí, él me dijo, "No te pude ver caminando toda esa distancia." Metió la palanca en primera, soltó el cloutch, y prosiguió, yo subido. Estuve muy agradecido que era tan buen hombre que paró por mí, y estuve aliviado para estar en este autobús por resultado.

La subida al altiplano de Tasmania causó que el motor se calente, y el chófer tuvo que parar en la orilla. Necesitaba poner más agua al radiador, pero la boca del radiador estuvo difícil para alcanzar, y no tuvo ningún embudo. Ninguno de nosotros teníamos tampoco. Mientras bajamos del autobús, empecé a pensar en fijar una manera para dirigir el agua dentro de la boca del radiador. Mientras mirando a los árboles de Eucalipto y los bosques allí en ese área, de repente una solución me ocurrió. Recogí un pedazo de cáscara en forma de curva y se lo di al chófer. Una sonrisa apareció en la cara del chófer, y me dijo, "¡Tú eres un genio!" ¡Que buen elogio! Ese pedazo de cáscara de árbol hizo el embudo perfecto para dirigir el agua exactamente dentro de la boca del radiador, y en poco tiempo ya estuvo lleno con agua.

Subimos al autobús otra vez, y el chófer nos llevó a nuestra destinación. Cuando estuvimos bajando, el chófer me dijo que mi aventón era gratis. También me dijo muchas gracias por mi solución original, la cual nos sacó de la bronca. Le dije que me dio mucho gusto que lo pude hacer, y le dije gracias por haberme levantado. Como el lector puede ver, algunos de mis viajes por autobús han tenido mejores resultados.

Robert Sanders ayudando el chófer del autobús llenar el radiador

El Profesor Que Fumó en la Clase

Como estoy seguro que el lector entiende para ahora, soy una persona que objeta a las cosas que no me gustan y/o no son buenos, mientras otros no se molestan. No objeto frecuentemente, pero por cierto lo hago si objeción está merecido. Como ya sabes, humo de cigarro encuentro muy nocivo.

Me acuerdo un incidente envolviendo fumando en el invierno de 1988. Lo que pasó es que me peleé con uno de mis profesores de universidad, quien en el primer día de clase entró en la clase con cigarro quemando. No le dije nada la primera vez. En la segunda mañana él hizo lo mismo. Esta vez le pedí que no fumara en la clase. Me dijo en una manera arrogante que iba a fumar en la clase como el quiera, y prosiguió con su lectura, ¡cigarro en una mano, y gis en la otra mano! Le interrumpí, reiterando mi objeción diciendo, "Disculpe señor, pero es una violación de la ley estatal para fumar en la clase."

De repente se puso bien enojado y me gritó, "¡Si no te gusta, ahí está la puerta!" ¡El resplandor en sus ojos me hizo pensar que fuera a agarrar una cosa para tirar a mí a fuerza!

Me levanté y salí de la clase inmediatamente, y *nunca* regresé a su clase otra vez. Escribí una carta de queja a su superior, explicando lo que había ocurrido. Pedí otro maestro por el mismo curso. El jefe me dijo que mientras pudo acomodar mi pedida, no lo iba a hacer, porque si lo hizo, debería favores a otras gentes. ¡Huevón! Por resultado dejé el curso y tomé otro curso en su lugar. El próximo cuarto, tomé el curso que yo había dejado, y esta vez tuve un maestro simpático, lo cual era bueno.

Muchos de los estudiantes se acordaron del sobre dicho incidente por mucho rato. Parece que estuvieron impresionados por mi valentía. Aun tres años después un estudiante refirió al incidente mientras hablando conmigo. Él había escuchado una plática de otros y no se había dado cuenta que yo fui quien me había puesto bravo con ese maestro. Me dijo que estuvo impresionado por como ese estudiante había dicho a un profesor que había una ley estatal contra fumar en la clase. Sonreí y le dije, "Yo soy la persona que puse ese maestro en su lugar. Estás hablando con él."

El Empleamento Por Tres Meses

Después de graduarme de la universidad Tennessee Technological University en mayo de 1991, con un título de ingeniero eléctrico, empecé a buscar por una posición de ingeniero. El mercado de trabajos estuvo apretado con una congelada de emplear, y me tardé 2½ años para finalmente encontrar una posición de trabajo. Mientras estuve buscando, empecé a trabajar por mi propia cuenta, haciendo carpintería y pintando. También tomé varios viajes, los cuales disfruté caminando en las montañas con mochila, acampando, y tomando fotos de la naturaleza.

Finalmente en enero de 1994, una compañía de ingenieros con 70 empleados en Nashville me empleó. Las cosas fueron bien por dos meses. Un día sin embargo, el ejecutivo de la compañía de repente me dijo que esperó que yo pusiera una corbata de ese día para adelante. Eso no me gustó para nada. Usando una corbata se hace sentir como un nudo corredizo alrededor del cuello, y no había ninguna manera que me pude hacer ponérmela – la camisa y pantalones sí, pero la corbata no. Por un rato pensé que nadie lo puso importancia, por como había muchos otros empleados sin corbata también. Después de todo, ¿por qué estar más preocupado con las corbatas que la calidad del trabajo hecho?

Un día, exactamente tres meses metido en el trabajo, sufrí un choque con mi carro cuando estuve manejando la carretera angosta de dos carriles (SR 96, la carratera a Franklin) tratando de llegar al trabajo. De repente vi un carro parado para voltear a la izquierda directamente enfrente de mí. Por como la carretera estuvo mojado por culpa de que había llovido la noche anterior, no había ninguna manera que pude parar, y le choqué de atrás todavía yendo una velocidad de perdido 45 millas por hora. Nadie estuvo dañado, pero el otro carro que choqué estuvo totalmente destrozado. El frente de mi vagoneta blanca Ford LTD 1980 estuvo bastante dañado.

Como quiera manejé mi carro los doce millas a mi casa, llamé a la oficina y les dije que yo no podría trabajar ese día. Inmediatamente fui a un yonke y compré $250 de partes de carros: una polvera, un cofre, parrilla, radiador, y otras partes. Cuando regresé a mi casa, hablé con mi amigo Roger Schultz, y llegó esa noche para ayudarme en reparar mi carro. Para las 2 AM, ya tuvimos el carro completamente arreglado. Aun habíamos pintado blanco el cofre y polvera repuestos.

Cuando fui al trabajo el próximo día con mi carro ya arreglado, mi jefe muy probable pensó que le había echado mentiras acerca del choque, porque el día siguiente, la compañía me despidió. Por casualidad el periodo de 90 días de probación muy apenas estuvo vencido, y mientras no me dijeron nada acerca del choque siendo la razón, instintivamente sentí que pudiera haber sido una de las causas por estar despedido. En los papeles de despido, la razón por haberme despedido estuvo listado con las siguientes palabras: "inadecuado por la posición." Pues, admito que estuve inadecuado, por culpa de algunos idiosincrasias, pero creo que un término más apropiado habría sido: "descorbatado por posición" ¡por como la compañía puso más importancia en las corbatas que en la calidad del trabajo!

Haz de decir, perteneciendo al estatus de carros, en los tres meses que yo había trabajado allí, me fijé que varios empleados habían puesto para arriba el estatus de sus carros. Un empleado había repuesto su Honda CRX de nueve años con un Nissan 300 ZX negro y nuevecito con llantas de $1,200. Otro empleado había repuesto su Pontiac Bonneville con un Lincoln Continental Mark VIII, de dos puertas, azul, brilloso y *nuevecito*. Otro empleado que llevaba una imagen de vaquero repuso su vehículo con una camioneta Chevrolet también brilloso, nuevecito, y de color negro. El ejecutivo de la compañía no estaba satisfecho con su nuevo negro lujoso Toyota Lexus, entonces compró otro nuevo negro lujoso Toyota Lexus, esta vez con una *línea vista de oro*. Varias veces yo miraba de una ventana arriba en la oficina cuando el ejecutivo saldría a juntas en su carro nuevecito. Inconscientemente tocaba su corbata en su cuello para checar que estuvo bien puesto y apretado. Aunque el ejecutivo no lo sabía, solo le quedaron tres años de vida, antes de un ataque de corazón le pescaría.

Con el sobre dicho mejoramiento de los carros de los empleados, y mi carro siendo una vagoneta vieja necesitando una pintada, ¿cómo esa compañía pudiera haberme aguantado más tiempo? ¡En ninguna manera pudieron tener la aparencia de ese carro viejo en su estacionamiento!

Yo pensaba que yo había ganado algunos amigos durante esos tres meses. Yo caminaba por los pasillos en tiempos libres y platicaba con los otros empleados. A uno de los hombres cerca de mi edad, le caí bien, y se dio cuenta en una manera positiva que yo no era como lo demás. Él tenía una esposa e hijos, y me daba consejos en como quedar más bien a la compañía. Después de salí, nunca oí de ninguno de los empleados, ni siquiera del hombre que yo pensaba había llegado a ser mi amigo.

Durante toda mi vida, casi siempre ha sido un caso de que yo tengo que buscar y hablar a mis amigos para mantener contacto con ellos. Es muy raro que yo oigo de un amigo de nuevo. He aprendido que en general, amigos no hacen la práctica de seguir contacto. En verdad, muchos de ellos ni siquiera contestan ni responden.

Al principio no me gustó que me habían despedido. Sentí que me habían rechazado, pero las cosas se pusieron mucho mejor cuando me dieron un cheque de tres meses extras de pagamiento de liquidación – la cantidad siendo $4,400. Ya supe lo que yo iba a hacer con ese dinero: tomar un viaje a Inglaterra y Escocia con mi bicicleta y mochila. Yo viajaría allí durante el verano y luego regresaría a Tennessee para encontrar otro trabajo de ingeniero.

Después de todo, había un amigo mío, Chris, el muchacho que yo había encontrado y conocido en Australia cuatro años anterior, quien estuvo viviendo en Inglaterra, y repetidamente me había invitado para venir y visitar. Entonces estuve anticipando con gusto mi viaje. (Poco yo sabía el futuro de esa amistad.) Compré un boleto de avión de British Airways y volé a Inglaterra el próximo mes.

(Haz de decir que en esos días, 1994, había muy pocos vuelos internacionales sin fumar. Estuve determinado volar a Europa y regresarme *sin* el olor gacho de cigarro. Para fijarme cuales vuelos había sin cigarros, llamé a *todas* líneas de aviones. Los únicos vuelos sin fumar de los Estados Unidos a Gran Bretaña eran los vuelos de British Airways entre Los Ángeles y Londres, y entre San Francisco y Londres. ¡No había absolutamente ningún vuelo sin fumar de Nueva York! Pues, eché mis cosas arriba en mi vagoneta Ford LTD y manejé de Tennessee a Los Ángeles para coger el avión de allí para que yo pudiera tener un vuelo completamente sin cigarros, gracias. Al fin de mi viaje, regresé por vuelo a Los Ángeles, y regresé a Tennessee en mi carro. ¡Ahí está! Esta vez lo hice en la manera correcta. Finalmente, un vuelo enteramente sin fumar, para mí.)

Disfruté mi viaje a Gran Bretaña e Irlanda. Cuando estuve allí, caminé por seis días en la vereda West Highland Way de Glasgow a Fort William, Escocia. Caminé al pico de la montaña Ben Nevis, el punto más alto en Gran Bretaña a 4,406 pies. También caminé por otros seis días en la parte norte de la vereda Pennine Way en el norte de Inglaterra y Escocia.

En los siguientes meses después de me despidieron, pensé mucho en mis tres meses con ellos, y realicé lo tanto que me había disgustado. ¡Nunca pude pasar ningún día sin oír otros numerosos empleados maldiciendo! Yo había tenido disgusto por maldiciones desde edad doce. ¡A mí era absolutamente afrentoso como frecuente los empleados de esa compañía dijeron maldiciones! Sé que era comportamiento improfesional, y desde ellos verdaderamente eran *profesionales* en una compañía de ingenieros, ¡sentí que deben de haber actuado como *profesionales*!

Me acuerdo cuando recibí mi cheque de liquidación del contador en mi último día de trabajo. El ejecutivo estuvo en el cuarto. Yo iba a despedirle y decirle gracias por haberme empleado. No lo pude hacer, sin embargo, porque de repente ¡se volvió apuntando afuera, y se salió sin decirme nada! Me sentí un poco insultado por como él no tuvo la decencia desearme bien en mi último día de trabajo. Por resultado nunca le hablé. Cuando el contador me entregó el cheque, le dije gracias, y él me despidió bien, deseándome un buen viaje.

Mientras estuve caminando por el pueblo de Bellingham en la vereda Pennine Way, compré una tarjeta postal con una vista hermosa de un lago con árboles bonitos creciendo en las orillas y vistas de montañas atrás en la distancia. Escribí aquel ejecutivo una nota anónima, la cual me dio mucho gusto hacer. La nota dijo, "¡Mucho alegre estar aquí, allí no!" Reí cuando la metí en el buzón de correos, y averigüé que iban a pensar los otros empleados.

Bueno el trabajo no era muy malo en la compañía. Cierto que estuve agradecido por el dinero. Había varios días cuando algunos representativos de otros compañías vinieron para enseñar y promocionar sus productos, incluyendo diseños de alumbrado, y nos dieron almuerzo gratis mientras dieron sus persentaciones. Muchas veces sirvieron pollo marinado, lo cual siempre llevé al baño para lavarlo limpio de la salsa en el fregadero para poder comerlo sin especias.

Había sin embargo, algunas cosas que me molestaron, y ahora voy a contarlas.

Uno de esos era de fumando. Mientras fumando estuvo prohibido en la oficina, estuvo permitido en el lugar de las escaleras en días de frió, o afuera del edificio en días que no hizo frió y que hizo sol. Cada vez que alguien fumó en las escaleras, tuve que levantarme de mi escritorio para ir a cerrar la puerta porque siempre por casualidad estuvo abierta. Si eso no fue bastante, cada vez que alguien fumó afuera, la ventana en el segundo piso (el piso donde yo trabajaba) por casualidad estuvo abierta, y tuve que levantarme para ir a cerrarla. Uno de los empleados comentó que tuve una NARIZ.

La secretaria mayor también era una fumadora, y para hacer peor las cosas, ¡siempre usó perfume fuerte y gacho! El olor apestaba tanto que me dio nausea. Tuve que guardar mi distancia de ella, con excepción de las veces cuando tuve que hablar con ella, lo cual resultó como quiera en apestar a mi ropa, y tuve que lavarlas antes de ponérmelas otra vez.

Si eso no era bastante molestia, ellos estuvieron tocando suavemente la radio. Peor todavía, casi siempre estuvieron tocando música country, lo cual no me gusta, con excepción de unas pocas canciones. Cuando trabajo, me gusta el silencio. Encontré la radio imponiendo, distrayendo, y una molestia. Tuve que ponerme tapones en mis oídos para hacer mi trabajo. Un día cuando nadie estuvo viendo, alcancé arriba de mi escritorio por una ventila y desconecté el alambre de la bocina. ¡Ahh que alivio! También había un cuartito de oficina desocupado, y a veces ocupé ese cuarto para hacer mi trabajo. También había una bocina imponiendo, ¡y no pasó mucho tiempo hasta que desconecté ese alambre de bocina también!

La bronca mayor acurrió como dos semanas antes de me despidieron, cuando la compañía nos hizo cambiar a diferentes escritorios. Algunos de los escritorios tenían luces fluorescentes normales, mientras otros tuvieron luces fluorescentes pasado por unas parrillas de cuadritos, lo cual no daba tanta iluminación que los normales. Lo hicieron así para no dar tanto resplandor a los trabajadores que tuvieron que dibujar diseños. Pues me pusieron exactamente próximo de uno de los dibujantes, y ellos quisieron que yo instalara una parrilla de cuadritos, ¡arriba de mí! Yo necesitaba más luz que una parrilla me dejaría tener, y objeté. Tony, el dibujante, se enojó y fue a nuestro jefe para quejarse. De distancia me puse a escuchar. Mi jefe dijo algo de quemar una nalga de alguien, no sé que, ¡diciéndolo en una manera vulgar! Sentí que el jefe estuvo refiriendo a despedirme. Por como resultó, el jefe se fue a una vacación por una semana.

Durante su ausencia, inventé una solución única para resolver el problema de las luces. Insistí en no tener una parrilla tapando las luces arriba de mí. Entonces resolví el problema por corta e instalar por colgar un pedazo de cartón en el lado izquierdo de las luces arriba de mi escritorio, bloqueando cualquier resplandor que pudiera molestar al dibujante próximo de mí. Tony estuvo impresionado y satisfecho por mi solución, y me dijo gracias por lo que hice. Cuando el jefe regresó de su vacación, ¡estuvo *muy* lejos de impresionado! En verdad estuvo disgustado, diciendo que lo que yo había hecho creó una mala imagen por la compañía. Mi solución al problema con el cartón estuvo quitado inmediatamente. Como probablemente sospechas, eso me disgustó. Había otro escritorio que tenía luces normales, y por alguna manera me dejaron cambiarme allí. Aparte de eso, vi a mi jefe como un señor inflexible que no tuvo ninguna apreciación por ideas únicas, aunque yo era un ingeniero trabajando por una compañía de ingenieros, donde ideas únicas debieron que ser el normal.

Había otro incidente que ocurrió que también puede haber contribuido a la despedida. A veces me mandaban a mandados que envolvió que yo use mi propio carro. Había un cajoncito de dinerito que el contador de la compañía usaba para reimbolsar los empleados por las millas que manejaban por la compañía. Reimbolsamientos debían que haber ocurrido cada mes, pero el contador era flojo sobre ésto. A veces seis semanas pasaron hasta que empleados estuvieron reimbolsados. Un día, cuando mi reimbolsamiento estuvo una semana retrazada, me arrimé al contador para hablar sobre eso, y simpáticamente expliqué que me gustaría estar reimbolsado por mis gastos en los mandados que yo había hecho por la compañía. Se enojó y me dijo más que una vez que no dio un #%&!! Escribí una carta al ejecutivo de la compañía, quien luego arregló la discrepancia de reimbolsamiento. Sin embargo, ahora realizo que, siendo un empleado nuevo, escribiendo una carta como esa, aunque era para corregir una cosa, no era bueno en la vista de ellos. Parece que por como yo era exacto, la compañía se molestó, y no estuve apreciado por haberme defendido. A lo mejor es por eso que el ejecutivo me dio la espalda una semana después y de repente se salió del cuarto cuando el contador estuvo en proceso de imprimirme el cheque de liquidación.

Cuando el contador me entregó mi cheque, le dije gracias y también le dije, "Lo siento por nuestra discusión la semana pasada."

"Está bueno," el respondió. "Ve a Inglaterra y andarte por bicicleta. Ten un buen viaje."

Mientras no puedo decir por seguro lo que la razón o razones actuales eran por la despedida, puedo decir que es probable que había varios factores por eso, y probablemente tuvieron que ver con mis idiosincrasias. Por ejemplo, llevé el pollo marinado al baño para lavarlo limpio de la salsa. La gente que trabajaron conmigo probablemente pensaron que eso era curioso.

Solo pocos días después de estar afuera de mi trabajo de tres meses, realicé como alegre sentí para estar afuera de ese lugar, por como había muchas maldiciones y música country imponente, más otros olores gachos. Me sentí libre otra vez, casi como si yo hubiera estado liberado de un preso.

Todo el sobre dicho muestra como difícil es por un Asperger's para quedarse bien en una compañía y conservar su trabajo. También muestra la falta de comprensión por la condición, la intolerancia de las idiosincrasias, y la falta de compasión de compañías de ingenieros, aunque ingenieros normalmente piensan más literalmente y tienen más idiosincrasias que otra gente.

La "Amistad" Frustrada con Chip

El siguiente es una anécdota que muestra como frustrando a veces ha sido para mí para conservar una amsitad.

En el año 1996, estuve presentado a un muchacho llamado Chip Collins, edad 24, por mi amigo de mucho tiempo, Roger Schultz. Me dio mucho gusto encontrar y conocer a un nuevo amigo, y la oportunidad era bienvenido a mí. ¡Estuve muy sorprendido para darme cuenta que Chip vivió en la próxima casa del lado de Roger! Era fácil platicar con él y era una persona energética con bastante chispa y entusiasmo. Su nombre Chip era apropiado porque de veras tenía chispa. Una semana después de conocerle, fui a la mueblería donde trabajaba para platicar con él acerca de una parte del carro. Él tomó un descanso por un rato, y fuimos afuera del edificio para platicar al par de mi carro por algunos 20 minutos. Me di cuenta que yo acababa de hacer una nueva amistad, y yo tenía muy buenos sentidos sobre eso.

Una parte bizarra de esta historia es que había varias coincidencias significantes que ocurrieron entre mí y Chip, hasta que su número teléfonico tenía significancia con algunas cosas bizarras, por ejemplo teniendo un sueño que marqué un número equivocado para llamar a un amigo, y el número equivocado era el número de Chip, ¡y ese sueño era antes de le conocí! Su número telefónico era igual al número de nuestra diferencia de edad, lo cual me sorprendió. Esas coincidencias me parecían interesantes cuando las analicé, y yo averiguaba, ¿*Por qué?* Tal vez las coincidencias dieron validez por nosotros siendo predestinados que nos encontráramos y conociéramos y más importante que fuéramos amigos.

Más tarde en el otoño, la familia de Roger me emplearon por algunas semanas de trabajo alrededor de su casa. A las 4 PM cada día, Chip llegaba a su casa de su trabajo de la mueblería, y yo caminaba allí para disfrutar visitar y platicar con él. Chip me contaba unos cuentos interesantes y espantosos de algunas de sus experiencias raras, y tuvimos bastante risa. Disfruté mucho mis pláticas con él. Para mí, parece que el destino estuvo funcionando en mi favor. Estuve disfrutanto la oportunidad, y realicé que la razón porque tuve algunas semanas de trabajo con la familia de Roger era para que yo tuviera la oportunidad de llegar a ser amigos con Chip.

Tres meses después de parecía que habíamos llegado a ser buenos amigos, Chip empezó a desafanarme. Parecía que no había ninguna razón. Hice esfuerzos para hablar con él para darme cuenta porque cambió. Cada vez que fui a hablar con él, se hizo aparecer muy apurado como si no tuviera tiempo para hablar. Empecé a sentir frustrado por lo que había ocurrido. ¿Quién sabe? Tal vez Chip tenía un sueño que le espantó.

¿Por qué tantas coincidencias habían ocurrido entre mí y Chip, si nuestra amistad solo era temporal? An adición, mi amistad había sido precedido por otros, por como Chip ya tenía muy buenas amistades con dos otros muchachos con quienes hizo cosas regularmente. Estuve sintiendo triste y solo, habiendo tenido dificultades en hacer nuevos amigos durante los años pasados recientes. Muchas personas estuvieron teniendo problemas de entender mi personalidad. Había ocurrido varias otras ocurrencias con otros amigos míos donde, por una manera u otra, estuve puesto en segundo lugar. Sentí como yo nunca era mejor que segundo lugar en la mente de cualquier persona, y eso me molestó. ¿Cómo fue posible alcanzar y ganar primer lugar?

Chip tenía a veces un genio de tipo violento, y debido a eso, tal vez es mejor que hemos tomado horizontes diferentes, pero en esos días, desde yo había alcanzado una buena amistad con él, yo quería que siguiera. Siempre yo tenía esperanza. Después de todo, yo era terco, y yo tenía buena razón. Yo había sufrido la perdida de varias amistades durante la década, y no quise perder más. ¡Por eso, hice una declaración que yo iba a conservar mis amistades!

No pude resolver porque Chip me había desafanado. Una amiga de mi familia me dijo que tal vez me estuve poniendo gorroso, y que yo le había espantado. No pensé que yo era tanto afuera del orden. Sí, yo había ido a Chip algunas veces durante el mes pasado en esfuerzos para hablar con él, ¿pero entonces en cuál otra manera debo que haberlo hecho? ¡En toda manera, me sentía frustrado a toda la cosa! ¿Cómo debo que hacer y conservar nuevas amistades? ¿Dónde yo me había equivocado con Chip?

Él había expresado interés en trabajar en la carpintería y pintura, y había dicho que disfrutó esas cosas. Más, me había dicho que estuvo fastidiado de su trabajo en la mueblería y que estuvo buscando nuevo trabajo. Yo quería y sentí la compulsión para ayudarle. Entonces, decidí invitarle a trabajar conmigo en mis varios trabajos por mi cuenta en la carpentería y pintura. Ésto por casualidad era el mismo tiempo cuando él empezó a desafanarme. Cada vez que fui a la tienda para hablarle, me estuvo desafanando, ¡lo cual me frustró bastante, porque nunca pude hacerle mi ofrenda de ser socios de trabajo conmigo! Cada vez que pasé por su casa, ¡nunca estuvo o acababa de salir! ¡Chip era frustradamente difícil para localizar! Entonces, ingenioso como soy, busqué en el directorio y me di cuenta donde uno de sus muy amigos vivió y fui a buscarle a Chip allí. No estuvo allí tampoco. Eso, me di cuenta después, le molestó mucho a Chip, ya cuando su amigo le informó donde le busqué.

Pues, mi persistencia "dio fruta" porque finalmente localicé a Chip en su casa en medio diciembre, y hablamos unos pocos minutos. Mientras no había bastante tiempo para platicar sobre mi ofrenda de trabajo, le pregunté si yo pudiera sentir libre para venir a visitar y platicar con él en el futuro. Dijo que no hay problema, y hasta donde sentí, me dijo en una manera sincera.

Algunos lectores pudieran considerar mis acciones como siguiendo o sea acercándose furtivamente, lo cual nunca cruzó mi mente en ese momento. Nunca realicé que lo que hice pudiera estar considerado siguiendo. Los sobre dichos parrafos apuntan como terco y persistente muchos Asperger's son. Acciones como el sobre dicho pueden haberme puesto en muchos problemas. En ese aspecto, tuve mucho suerte.

Estuve en México durante ese invierno, y mientras estuve allí, platiqué con un amigo acerca de Chip y todo. Decidimos que la mejor cosa para mí sería escribirle a Chip una tarjeta postal donde finalmente le podría hacer la ofrenda de ser socios conmigo en mi trabajo. Con mucha esperanza, le mandé la tarjeta en los primeros días del año nuevo. A lo mejor, mi amistad con Chip pudiera estar salvado después de todo.

Cinco meses después, en mayo de 1997, decidí pasarme por la casa de Roger para platicar con él. Resultamos platicando por 1½ horas. Pregunté por Chip y le pregunté si le había visto este año, y Roger contestó que le ve cada rato. Chip no me había respondido para nada, y le pregunté a Roger si Chip aun había mencionado algo de mí y si recibió esa *tarjeta postal* que yo le había mandado de México al principio del año.

"Sí recibió tu tarjeta," Roger me contestó directamente. Roger se puso muy franco conmigo y me dijo todo. Estuve impresionado a como Roger se acordó todos los detalles. Él y Chip tuvieron que haber tenido una plática de muchos detalles, hasta que platicaron sobre la verdad que yo me había fijado donde uno de los amigos de Chip vivió y que yo le había buscado a Chip a esa residencia atrás en noviembre. Admití que yo lo había hecho. Después de todo, soy ingenioso y yo estaba frustrado en no haberle encontrado a Chip en el fin de noviembre para ofrecerle de ser socios de negocio conmigo.

Roger explicó que Chip no quiso ir a trabajar conmigo. No había contestado mi tarjeta postal porque no quería decirme cara a cara. Chip no quiso que yo viniera con él. Roger explicó que Chip tenía un grupo de amigos muy apretados y que no tuvo espacio por nuevas amistades ni las quería. Había varias razones por eso. Mientras Roger siguió hablando, realicé la verdad que Chip no quiso que yo viniera para platicar con él. Es que cuando yo le había visto a Chip la última vez en diciembre, me había contestado con un consento que sí, pudiera seguir llegando. Sin embargo la verdad que Roger me dijo no me cayó como sorpresa. Sospeché que eso fue el problema, y no me había sentido muy seguro de como Chip consentó, lo cual porque yo no había llegado con Chip por cinco meses.

Sin consideración de que no estuve muy sorprendido, ésto fue más duro que yo había sospechado, ¡que Chip me encontró tan repulsivo! Pensé sobre eso, y me dio coraje.

Entonces luego, fui a la mueblería para confrontarle, para platicar las cosas con él. Cuando me vio, se puso como si estuviera muy apurado como había hecho atrás en noviembre y diciembre, y no quiso hablar conmigo. Insistí y le dije que yo había hablado con Roger recién, y que no pensé que le había molestado que yo había llegado a su casa varias veces para platicar, atrás en el otoño cuando estuve trabajando por la familia de Roger en la próxima casa del lado.

Chip entró en el otro cuarto, me dijo que yo le esperara un momento, recogió una caja y regresó a mí. Se puso franco conmigo. Admitió que no quiso que yo viniera, y me dijo que gasté mis bienvenidos también. Tuvo su grupo de amigos y no tuvo espacio para más. ¡Tuvo su propia onda y plan, y dijo que yo había interrumpido eso! Le dije que no realicé que yo había hecho eso. Hablamos unos pocos minutos más, y actualmente arreglamos las diferencias. Cuando salí de la tienda, Chip me habló diciendo, "Nos vemos Roberto."

Las cosas estuvieron arregladas, o así pensé. ¡Roger estuvo bien molesto que yo había ido a la mueblería para confrontar a Chip! De ese día para adelante, Roger ya no era el buen amigo conmigo como era antes, aunque es muy inteligente y es una persona quien hace proyectos especiales con los carros. Antes trabajábamos juntos en algunos carros a veces, y me hablaba para platicar también. Nunca otra vez Roger me ha hablado para platicar ni ha visitado, desde entonces. Todavía he platicado con Roger varias veces después de ese año, pero siempre soy yo que tengo que hacer esa llamada, nunca Roger. Más, a veces cuando he llegado para visitar, Roger a propósito me ha desafanado. No es una pérdida completa, sin embargo, porque Roger tiene un hermano que es un buen amigo, y sus padres son buenos amigos con mi familia. Como quiera es algo triste que Roger y yo ya no hacemos nada, todo por culpa de que yo inocentemente hice los pasos para ser amigos y conservar una amistad con Chip, su vecino del lado, ni para mencionar, mis esfuerzos para ayudar a ese hombre por invitarle a trabajar conmigo. No recibí ningún gracias ni agradecimiento.

Uno puede ver que al principio estuve alegre por mi nueva amistad con Chip. Disfruté la amistad con bienvenidos y con gusto. Sin embargo, tengo que admitir que siento que alguien me lo sacó por abajo, y lo que me frustra mucho es que yo pensaba que yo tenía una buena amistad, ¡y de repente se acabó! Esta historia pone un ejemplo para mostrar como difícil es para mí para saber quienes son mis amigos verdaderos en mi vida.

Hay mucha gente que piensan que hombres que se fijan en las amistades con otros hombres son maricones. ¡Eso no es cierto! Amistades son importantes y amistades son oro, que sea con hombre o con mujer. Somos humanos con inteligencia y facultades de razonar y ser simpáticos, y debemos que poner importancia en las amistades también.

Termino esta anécdota con un comentario positivo para decir que siempre tengo buena esperanza por amistades y que las pongo mucho valor. Es bueno saber que hay algunas personas que son más sinceras acerca de ser amigos y que también hay personas más agradecidas por la amistad que les doy.

Déjame apuntar como fácil es para otros en un nivel más normal para alcanzar a ganar amistades. Un amigo mío llamado Howard, quien he conocido desde nuestra niñez, recién me dijo acerca de un buen amigo suyo que ha conocido por 18 años. Le había conocido la primera vez por un amigo en común. Por casualidad, se vieron tres veces entre una semana en la tienda Wal-Mart, y pronto después cuando Howard estuvo caminando cruzando un lote vacio mientras regresando a su casa una tarde, estuvo sorprendido para ver a su nuevo amigo. Eso no le sorprendió tanto como cuando su nuevo amigo le dijo que ¡vivió en el otro lado del lote vacio! Hombre, el destino funcionó en el favor de ellos, y el caso es impresionantemente similar (o sea es paralelo) a como conocí a Chip la primera vez. También nosotros nos estuvimos presentado por un amigo en común, Roger, ¡y Chip vivió en la próxima casa del lado de Roger! Más, tuvimos ciertas coincidencias para enforzar nuestra amistad. Sin embargo, el punto importante aquí es mientras la amistad creció y prosperó entre Howard y su nuevo amigo, falleció entre mí y Chip. ¿Qué tipo de maña ellos tuvieron en sus características, su forma de ser, para crecer y prosperar tan fácil su amistad? ¿Cómo lo hicieron tan fácil? Ellos reyen y divertan mucho su amistad. Chip y yo reíamos y divertíamos nuestra amistad también . . . pero solo por un rato, comparado con Howard y su amigo. ¿Cómo es posible que nunca se metió resentimiento entre ellos? ¿Por qué funcionó tan bueno para ellos, pero para mí no? Éstas solo son algunas de muchas preguntas que tengo, perteneciendo a hacer nuevas amistades.

La Carta a la Compañía de Cereales y BHT

Atrás en 1990, coleccioné y mandé por correo a mi casa unos bastantes cartones de cereales hecho por una compañía americano operando en Australia. Desde el cereal estuvo empacado allí, al contrario a su parecido en los Estados Unidos, no contenía el aditivo BHT (Hidroxitolueno Butílico). En verdad ninguno de los cereales en Australia tiene BHT. Entonces tomé la decisión de escribir una carta detallada a la compañía en los Estados Unidos, expresando mi desaprobación de su uso seguido incesante de BHT en sus cereales. También mandé fotocopias de literatura de unos libros acerca de los aditivos, acompañadas de los cartones aplanados de cereales. La compañía no me respondió, y cuando les llamé después, ellos hicieron cuenta que nunca recibieron mi paquete. Siempre he sospechado que sí, recibieron el paquete, no más que lo metieron en el "archivo 13" (la basura) porque tuvo que haber causado mucho sentido con ellos. A que ellos pensaron que yo estaba loco por haberme molestado tanto para informarles de mi desaprobación. Pues, insistí que me respondieran y les mandé fotocopias de la misma carta y también fotocopias que yo había sacado de los cartones de cereal antes de haberles mandado el paquete original. Esta vez respondieron.

Pienso que mis preocupaciones eran razonables. Los cereales son secos, bien empacados, y tienen una vida larga almacenados. ¡¿Por qué las compañías ponen BHT en los cereales?! Hace que cualquier persona averigüe, observando que Australia no usa BHT en ninguno de sus cereales. Nadie ha podido pararlos en los Estados Unidos de su uso seguido incesante de BHT. Personalmente hice mi parte cuando entregué a mi senador federal cartones de cereales extras de Australia acompañados de una carta de explicación, y ni siquiera él pudo parar el uso de BHT. Hice mi mejor, pero sin éxito, y me siento que estuve puesto en una lista de psicópatas, porque cualquier correspondencia siguiente que he tratado de tener con ellos nunca ha estado tomado en cuenta seriamente.

Uno puede ver que soy sincero, y también que preparo mi caso bien. Al despecho de ésto, no está apreciado. ¡En verdad está resentido! En esa carta a la compañía de cereales, aunque les dije la verdad y estuve muy sincero con ellos, no me pusieron importancia ni hicieron caso.

Algunos años después, escribí otra carta a la misma compañía, esta vez objetando que empezaron a adicionar azúcar a uno de sus productos cereales que antes no tenía. No recibí ninguna respuesta. Entonces, pedí a unos amigos míos para escribir a la misma compañía, expresando la misma preocupación. Aunque la compañía no respondió a mí, mis amigos recibieron muy buenas cartas amistosas explicando las razones. Aunque esa compañía me viera como una psicópata, deben que haberme contestado también.

Esta anécdota muestra una diferencia importante entre el público general y yo – que soy persistente y que ellos no persisten tanto. Cuando les digo a mis amigos, familiares, u otra gente sobre BHT en cereales, la mayoría de ellos no se preocupa para nada. Otros muestran algo de preocupación y aun hacen caso de comprar cereales solo sin BHT . . . pero solo por un rato. Pronto se les olvida y vuelven a comprar todos tipos de cereales otra vez, con la excusa que solo comen esos cereales de vez en cuando. ¡Pues, yo no vuelvo nunca! Cereales con BHT no entran en mi casa, y no los como en ninguna otra parte tampoco . . . ¡Nunca!

Lo que no entiendo es, ¿por qué tantas gentes inteligentes tienen cereales contaminados con BHT en sus casas? Ésto ha sido mi observación durante mi vida perteneciendo a los cereales. Ahora sé que casi nadie va a objetar, y también que la gente piensan que soy del planeta Marte porque tengo tanto conocimiento de los alimentos. Es cierto que he sido muy particular por leer los ingredientes en los alimentos desde que yo tenía diez años. Más, si todos fueran como yo, las fábricas de los aditivos para los alimentos se quebrarían, ¡y que buen día sería para todos nosotros!

*   *   *

Robert Sanders encima de la montaña South Sister, altura 10,358 pies, en Oregon, agosto de 1986

PARTE 6

CONCEPTOS MISCELÁNEOS Y DISCERNIMIENTOS

Esta sección contiene tópicos medios controversiales y discernimientos, eso es, tópicos que no coplan muy bien con el flujo cronológico de este libro. Aquí están para el lector para disfrutar, y la mayoría de los siguientes tópicos son mis puntos de vista acerca de ciertas cosas, como son y como funcionan.

Pensamientos Fuera del Cerebro

Para decir un ejemplo de mi niñez temprana, cuando yo tenía cinco años, me pasó una experiencia rara de estar sacado de mi cuerpo y afuerza movido pies enfrente hasta el pasillo, donde escuché a algunas notas raras de música. Corrí con miedo a mi cama. Tal vez era un sueño, pero parecía demasiado real para ser un sueño. Entonces sí, yo creo en un espíritu despegable con su propia inteligencia por cada humano vivo en Tierra, lo cual me guía al concepto de pensamientos fuera del cerebro.

Creo en la telepatía, al despecho de la verdad que muchos clínicos Ph.D.s y diagnósticos no la creen. Sé que éste es un tópico a lo cual mucha gente lo ponen su espalda e ignoran, pero por la meta de búsqueda este tópico seriamente necesita estar estudiado. Acerca del fenómeno de pensamientos fuera del cerebro, he sabido lo que otras gentes estuvieron pensando o haciendo en su vida real, aunque lejos, por mi intuición y también por mis sueños a veces. En ocasión, cuando cayéndome a dormir, he escuchado a voces hablando a mí, hasta que aun me dicen palabras únicas.

Aun los sentidos son, en una manera, pensamientos fuera del cerebro, y son una forma de la telepatía.

Hasta donde yo sé, mientras la mayoría de la gente piensan que todas las memorias están grabadas dentro del cerebro, la mayoría de las memorias actualmente están grabadas fuera del cerebro y cuerpo en la atmósfera ambiente, eso es, en el campo de energía etéreo de cada persona individual. Muy poco está dentro del cerebro, lo cual básicamente es una preocesador central de pensamientos, una central conectador de comunicación por asociar y reconocer las memorias mientras están pensadas y procesadas. Muchas memorias están grabadas en su locales

146

físicos, y cuando una persona vuelve a visitar el mismo lugar otra vez aun después en su vida, puede acordarse de muchos detalles exactos del lugar y aun acordarse de lo que estuvo pensando la vez anterior que estuvo allí.

Los pensamientos que una persona piensa están grabados literalmente telepáticamente entre la matriz de energía de la materia, eso es, las materiales de cualquier lugar, por ejemplo piedras, tierra, minerales, cristales, árboles, o aun edificios. La información de los pensamientos están guardadas allí indefinidamente hasta que la persona vuelve a ese lugar y provoca las memorias apropiadamente grabadas y pensamientos para salirse y correrse por la mente de esa persona visitando.

Después de todo, uno puede realizar que la materia es básicamente espacio vacio, eso es, energía cargada, y desde la mayor parte es holográfica, hay literalmente una cantidad fenomenal de capacidad almacenaje entre la matriz de energía de materia misma de cualquier lugar, y puede estar sacado y leído después.

¿Reencarnación? ¿Almas sin Experiencia?

Voy a usar reencarnación como una metáfora para tratar de dar un marco de referencia para la gente en general para hacerles entender como la vida parece por un Asperger's. Considerando las posibilidades de reencarnación, es como las personas normales y típicas han tenido bastantes vidas pasadas aquí en Tierra (tal vez decenas o centésimas) y por eso bastante experiencia terrana. Sin embargo para mí, si solo estoy viviendo mi *primera* vida en Tierra, entonces no he tenido experiencia anterior de vidas pasadas aquí en Tierra.

Éste puede explicar porque me porté muy extraño en mi niñez temprana, pero finalmente para edad nueve o diez, llegué a ser más acostumbrado y algo más normal. En otras palabras, adapté. Puedo decir que en mi caso de sobretriunfar mis rasgos autísticos, aprendí paso por paso, detalle por detalle (lo que otros parecen saber por instinto) los amaneramientos de como ser una persona, y como desarollarme durante mi niñez, eso es, como vivir mi vida aquí en mundo Tierra. Muchos de nosotros que somos Asperger's sienten como somos de otro planeta, tal vez porque todas nuestras vidas pasadas, puede decir, han sido de otro planeta diferente en un sistema de estrella extranjero y diferente.

Al presente, autismo entre los humanos está subiendo, con un número porcentaje más alto que antes. Éste pudiera ser porque ahora hay pruebas mejores que antes y más conocimiento, pero también pudiera ser por muchas almas sin experiencia.

Para explicar, todos nosotros sabemos que hay más gentes en este mundo que cualquier tiempo anterior, y va a aumentar en población a, sin dudo, un futuro atestado, si el crecimiento no está parado. Cada persona tiene una fuerza de vida o espíritu, también llamado una alma, que anima su cuerpo. Bueno, en el pasado ha habido muchas almas disponibles y listas por lo que era una población más estable en Tierra, pero con la explosión recién de la población durante las pocas generaciones pasadas, ¿de dónde han estado llegando las almas extras? Bueno, muchas de ellas pueden haber venido de vidas pasadas aquí en Tierra, queriendo decir que esas almas sí tienen experiencia terrana. ¿Pues, qué tal de todas las personas extras viviendo hoy? Creo que sus fuerzas de vida o sus almas muy probable son de otros lugares, algunas de ellas reencarnadas de formas de vida extranjeras, algunas más inteligentes y algunas menos inteligentes. Algunas pueden haber venido de humanos que tenían vidas en otros planetas de otros sistemas de estrellas en la galaxia, y algunas pueden haber venido de otras formas de vida completamente. Lo que ellas tienen en común es que no tienen experiencia anterior en este mundo Tierra. Ellas tienen maneras únicas de pensar, y es probable que va a ser más difícil para ellas para acostumbrarse a la vida y la cultura aquí en este mundo Tierra. En otras palabras, ellas tienen que adaptar y aprender. Algunas lo van a hacer con éxito, mientras otras no van a poder, las que son institucionalizadas.

Entonces, esas personas tienen experiencia en vivir vidas. Eso está dicho, no más que las vidas pasadas no son de este planeta Tierra. Ellas operan por otros códigos diferentes que son de acuerdo con su planeta extranjero, y de Tierra no. Entonces, por Tierra, sus almas no tienen experiencia. Éste puede explicar porque las personas con síndrome de Asperger's no pueden percibir muy bien, y también porque no toman indicaciones sútiles.

Considerando el concepto de desarollo del cerebro y crecimiento después de nacer, quiero especular aquí que almas extranjeras o seres espirituales de otros lugares pueden causar que el cerebro reaccione y crezca en maneras diferentes durante la niñez, mejor dicho, en proporciones diferentes que lo que es normal. Es como una fuerza de vida que no está bien ajustada ni bien sincronizada con el diseño de humanos terranos, y éste puede resultar en interferir con el paterno de crecimiento normal de esos humanos particulares en este planeta Tierra, con almas extranjeras.

He hablado con algunos de mis maestros, y algunos de ellos me han dicho que un porcentaje más alto de adolescentes en estos días no son tan vivaz como antes ni tan sintonizados como antes, sea 20 o 30 años en el pasado. Algunos de mis maestros están preocupados sobre eso. Actualmente expliqué a uno de ellos acerca de mi teoría de almas extranjeras por algunos de esos adolescentes, y él estuvo intrigado. Dijo que puede ser la verdad.

Otro factor posible que parcialmente pudiera contribuir a la aumentada recién de autismo pudiera tener que ver con las repercusiones ¡de las muchas y terribles guerras que han ocurrido en este mundo Tierra durante los varios siglos pasados! En consideración de reencarnación, estas almas estuvieron bastante traumatizadas, y pudiera ser que las almas de esas víctimas han regresado a vivir otra vida aquí en Tierra. Habiendo sido chocados o matados durante de sus vidas pasadas, hace sentido que esta vez tendrían más problemas ajustándose a vivir una vida normal.

Digo las sobre dichas especulaciones para apuntar que hay muchas cosas allí afuera que nosotros humanos no sabemos. Mientras mis razones por mis rasgos curiosos en mi niñez temprana probablemente fueron de autismo, tal vez fueron también de vivir mi primera vida aquí en Tierra.

Realidades Alternas, Universos Paralelos

Por varios años mientras pensando en cosas, he llegado a creer en la existencia de realidades alternas o sea universos paralelos. No solo he leído literatura sobre eso, también he tenido algunas experiencias en mi vida que contribuyen evidencia a ese tipo de fenómeno. Universos paralelos pueden estar descritos en otros términos: realidades alternas, ranuras diferentes, otros niveles de existencia, u otras dimensiones. Mientras existen muchos niveles más altos y más bajos, por este tópico voy a hablar solo acerca de universos paralelos igual al nivel de nosotros (no más alto ni más bajo) donde la mayoría, no todo, de lo que existe aquí es duplicado allí. Otros escenarios ocurren en lo que puede haber muchas existencias paralelas o ranuras. En teoría existen un número infinito de universos paralelos, pero yo personalmente pienso que puede haber menos que diez, o aun menos que cinco, que son tan desarollados y tan funcional como lo de nosotros.

Como mencioné que escenarios diferentes ocurren en cada universo paralelo, es probable que gentes en existencias paralelas de planeta Tierra tienen un juego diferente de códigos con que funcionar, una plantilla diferente de vivir. ¿Se oye familiar? Con la explosión de la población recién de gentes aquí en esta realidad de planeta Tierra, no solo los espíritus pueden estar llegando de planetas muy lejos y otros sistemas de estrellas, los espíritus pudieran estar llegando de universos paralelos o sea ranuras de existencia diferentes de planeta Tierra. Ésta puede ser otra razón más para explicar de donde vienen los espíritus extras para ocupar los cuerpos humanos extras aquí. Piénsalo. Una o más de las existencias paralelas de planeta Tierra pudiera tener muchos espíritus extras pero una falta de gentes. Esos espíritus probablemente escogerían otra ranura en la cual vivir sus vidas, probablemente esta realidad de existencia, la cual tiene una abundancia de gentes pero una falta de espíritus. Considerando que espíritus de existencias paralelas de planeta Tierra probablemente tienen una plantilla diferente de vivir, nos caerían a nosotros aquí en esta realidad como tener autismo o síndrome de Asperger's. Para mí, ésta es una de las explicaciones más lógicas de porque existe un porcentaje más alto de autismo que cualquier tiempo antes.

Siempre he sentido diferente del normal en muchas maneras, más en mi niñez que ahora. Mencioné temprano en este libro que en mi niñez temprana, me sentí alien (extranjero) a la cultura aquí, como tal vez yo era de otro sistema de estrella lejos. Realicé que no me gustó aquí en Tierra, porque se sintió diferente, a veces hostil. No estuve acostumbrado a eso, y a veces sentí angustia. Sentí como quise salirme, eso es, regresarme a mi casa . . . a mi "planeta de origen." También mencioné que tal vez ésta es mi primera vida en Tierra, mientras otros humanos vivos aquí hoy pudieran estar viviendo su decena, centésima, o aun un número más alto de vida, considerando reencarnación.

Puede haber varias razones porque me sentía alien a este mundo en mi niñez temprana. Mi espíritu pudiera haber venido de un planeta de un sistema de estrella lejos, y por resultado estoy viviendo mi primera vida aquí en planeta Tierra. Mientras creo más que vine de un sistema de estrella diferente, mi espíritu pudiera haber venido de una existencia paralela o sea una realidad alterna de planeta Tierra. En toda manera, durante mi niñez temprana, sentí que me había equivocado, ¡que nací en la ranura equivocada aquí! Quise regresarme. Me sentí entrampado aquí y frustrado, pero finalmente me acostumbré más para cuando estuve en el kinder.

Ahora voy a contar unas experiencias que me han causado a creer en universos paralelos.

En el verano de 1972, me acuerdo despertándome en la media noche. Había una tormenta fuerte con lluvia y rayos ocurriendo afuera. Me levanté de la cama y por algunos minutos, la observé por la ventana de mi cuarto. Cuando yo y mi familia nos levantamos mientras estuvimos desayunando, mencioné la tormenta que había ocurrido anoche. Mis padres me miraron en una manera confundida, y me informaron que no había ocurrido ninguna tormenta anoche. No lo pude creer, ¡y insistí que había ocurrido una tormenta grande anoche! Entonces salí afuera para darme cuenta. Hizo sol, lo cual es muy posible unas horas después, pero toda la tierra estuvo seca, con polvo actualmente. ¡No había llovido para nada! ¿Cómo fue posible eso? ¿Solo había sido un sueño claro? Por años, creí lo que me dijeron mis padres, que yo lo había soñado, pero en años más recientes, pienso que no. Era demasiado claro para ser un sueño. Creo que lo que pasó era que yo entré en un universo paralelo, una ranura diferente, por una parte de la noche. En esa ranura, una tormenta fuerte verdaderamente ocurrió, pero aquí en nuestra ranura de realidad, no.

Voy a contar otra experiencia de agosto de 2002, y éste era un sueño, pero me pareció más como un viaje astral porque era más claro y lúcido y llevaba más verdad que la mayoría de los sueños.

Soñé que estuve visitando un pueblo en el oeste del estado de Georgia, y estuve visitando con algunos muchachos que no conozco en mi vida real. Estuve atrás de su casa en su solar, y estuve sentado con ellos en una mesa. Vi un carro llegar y pararse en la calle enfrente de la casa como 35 metros lejos. Tres muchachos bajaron del carro y caminaron por el camino privado para arrimarse a nosotros. Uno de ellos era un muchacho a quien alguien me había puesto en contacto, y por eso yo había venido al oeste de Georgia para conocerle. Él me vio, se arrimó a mí, y con una sonrisa se presentó a mí. Me dijo su nombre Brad Perryfield. Nos saludamos con nuestras manos, y le dije mi nombre. Pareció que tenía como 30 años, era mi altura y tamaño, tenía pelo derecho y de color café, empezando a ponerse pelón, y pareció genuino y amistoso. Inmediatamente me sentí que éste era el hombre que yo había estado buscando, para viajar.

Me desperté. El sueño ya se acabó. ¿Dónde fue el hombre? Estuvimos a punto de tener muy buenas conversaciones, ¡pero ya me desperté! Realmente quise hablar con él, para conocerle y llegar a ser amigos con él. Durante el curso de los próximos días, ese sueño estuvo en el frente de mi mente. Me había dejado una buena impresión. Era como una revelación a mí y una respuesta a muchas preguntas. (Otra vez recuerdo al lector que mi deseo por un compañero de viajes, una buena camarada, no tiene nada que ver con matrimonio ni relaciones de maricones tampoco. Solo tiene que ver con encontrar un buen amigo para viajar.) En ese sueño, yo había encontrado él que estuve buscando, solo para despertarme y darme cuenta que era un sueño. Pero entonces tal vez era un presentimiento de quien yo iba a encontrar después. El sueño era tan claro que nadie me pudiera convencer que el muchacho que conocí no existe. Su nombre apellido Perryfield sonó como un nombre ordinario y común. Entonces revisé los directorios en el Internet, buscando pueblos en el oeste de Georgia. No había ningún Perryfield. Entonces revisé la ciudad de Atlanta. Ninguno. Empecé a revisar muchas ciudades grandes por todo el país. ¡No había ninguno! Por un nombre apellido que pareció tan ordinario, ¡no quise creer que no existe ese nombre apellido! No inventé ese nombre. Brad me lo dijo cuando me saludó. Al principio cuando me desperté del sueño, pensé que yo había soñado con alguien que yo iba a conocer en el futuro, pero cuando revisé los directorios y no encontré ninguno de ese apellido, me di cuanta de la verdad desafortunada que él existe en un universo paralelo, en otras palabras una ranura diferente, y por eso es inalcanzable por maneras ordinarias. Sueños como el sobre dicho me hacen averiguar si tal vez esa otra ranura es la existencia donde debo que haber nacido.

Uno puede ver que nombres diferentes existen en universos paralelos. Nombres que no existen aquí o son raros, son muy común allí, y viceversa. Eso encuentro muy interesante. La mayoría de la gente aquí tienen un doble allí, pero no todos. Más, deben de existir gentes allí que no tienen ningún doble aquí, y viceversa. Averiguo cuantas veces ocurre que gente van y vienen entre nuestra ranura y otras ranuras sin nosotros darnos cuenta. ¿Ocurre más frecuente que pensamos?

En Octubre de 2003, tuve en sueño interesante de visitar un amigo mío que no conozco en mi vida real, o a los menos, en esta ranura. En el sueño, era el año 1986, y teníamos veinte tantos años de edad en esos días. Mi amigo vivió con sus padres, y ellos tuvieron un solar de grande tamaño con bastantes árboles de encino y nogal. Dimos una vuelta, llevando su carro de la familia. Era un carro grande, un Dodge Monaco, modelo 1973, de cuatro puertas y color negro. Mi amigo me lo prestó, entonces yo estuve manejando, y él estuvo sentado en el lado pasajero. Pronto estuvimos parado, esperando doblar a la derecha en un boulevard de cuatro carriles. No me había fijado hasta ahorita que mi pie izquierdo estuvo aplanando un pedal de cloutch, y la palanca en la columna estuvo puesta en primera. Con un gesto de sorpresa, pregunté a mi amigo si este carro era de tres cambios en la columna. Dijo que sí. Entonces solté el cloutch, fui a la derecha y proseguí por el boulevard, pronto aplanando el cloutch y cambiando la palanca a segunda, y luego a tercera un poco después. Me dio mucho gusto para manejar un carro grande, un carro de familia, con estándar en la columna. El motor corrió muy sereno, y realmente disfruté manejar ese carro. Me acuerdo tantos detalles de ese sueño. Aun me acuerdo el sonido distincto de meter la palanca de los cambios. Aun me acuerdo como sentía el pedal de cloutch a mi pie. Manejé el carro por algunos minutos.

Me desperté con una muy buena impresión de ese sueño en mi mente, y estuve muy impresionado con ese carro, aunque no sé porque. Ni siquiera sé porque tuve el sueño. Yo no había pensado en carros de Dodge Monaco por muchos años. Empecé a investigar si Chrysler aun fabricó Dodge Monaco o Polara tan recién en tiempo con transmisión estándar. Supe que todavía los fabricó en los tardes 1960s. Era varios meses después cuando finalmente descubrí la respuesta, y me di cuenta que sí, porque todos los Dodge Monacos hasta e incluyendo modelos de 1973 salieron de la fábrica con un agujero rectángulo hecho en la lámina atrás y un poco izquierda del pedal de freno, para dejar que la varilla del cloutch pase. Los 99.9% que salieron con automáticos tuvieron el agujero de rectángulo tapado con un pedazo de plástico. Entonces, verdaderamente había algunos pocos de esos carros que salieron de la fábrica con transmisión estándar, o Chrysler no se habría molestado en agujerar ese rectángulo en *todos* los carros que salieron de la línea de producción en la fábrica.

Creo que viajé astralmente a una realidad definida y tal vez visité con una persona quien es un amigo de mi paralelo, pues un amigo de mi doble. Aquel 1973 Dodge Monaco con estándar existe allí. Parece que por universos paralelos diferentes y ranuras diferentes, hay opciones diferentes que existen y son común allí, mientras aquí en esta realidad las mismas opciones son muy raras o ni siquiera existen, y viceversa.

Aunque he hecho muchas cosas y cumplido mucho en este mundo, todavía hay unas pocas cosas que he querido pero no he podido alcanzarlas para nada, una siendo encontrar un buen amigo, una buena camarada, para viajar. Hay algunas pocas metas que he querido alcanzar, todas las cuales son expectaciones razonables, pero no he podido. Siento que han sido completamente inalcanzables porque no coplo bien aquí, que tal vez nací en la ranura equivocada. Para decirlo en otra manera, lo que quiero obtener y alcanzar aquí, existe en la ranura donde debo que haber nacido, y allí es fácil obtener esas cosas. Allí es donde vive Brad Perryfield. Allí es donde carros como aquel Dodge Monaco modelo 1973 son comunes con tres cambios en la columna. Tal vez pertenezco más en aquel lugar que aquí. He tenido algunos otros sueños también para convencerme de mi punto de vista de posiblemente yo habiendo nacido en la ranura equivocada.

Sin embargo, he hecho lo mejor que puedo. No me siento muy triste sobre eso. No todo está equivocado aquí. He disfrutado muchos viajes que he hecho en mi vida, aunque fui solo. De veras he disfrutado algunas caminatas en ocasión con algunos amigos o familiares, pero no se te vaya a olvidar que para traer esas caminatas a realidad, me costó esfuerzos ridículos y excesivos en parte mía, curioso como eso parece. En toda manera, he tenido suerte haber hecho algunas amistades en este mundo, y en *esta* ranura, y haber podido alcanzar y cumplir, a lo menos, algunas de mis metas.

Coincidencias en General

En mi vida he tenido experiencias de algunas coincidencias. Otro nombre por coincidencia es sincronicidad. No he tenido muchas experiencias con las coincidencias, pero cuando sí, han estado anotables e impresionantes. Menciono el tópico en este libro no sabiendo por seguro si tiene algo que ver con siendo un Asperger's. Hay mucha gente que dicen que no existe una cosa como una coincidencia, que todas las coincidencias son predestinadas, y que no hay casualidades. Otros dicen que sí, hay casualidades. Digo yo que las coincidencias están causadas por niveles de existencia más arriba. He sacado un extracto de mi segunda novela de ciencia ficcion: *Missión Beyond the Ice Cave: Atlantis-México-Zotola*, donde explico mis pensamientos y puntos de vista sobre las coincidencias.

Aquí está el extracto.

*   *   *

"Mientras es sabido como verdad que algunas de las civilizaciones de pasados humanos antiguos llegaron a Tierra por teletransportarse de su mundo anterior existiendo en realidades alternas, ha estado teorizado que el destino origina de niveles más arriba de pensamiento en realidades alternas. Muchas veces los humanos tienen sueños, y aunque no siempre se dan cuenta, ellos actualmente están visitando esas realidades alternas en su mente y espíritu, a veces tan claramente que ellos se sienten como si actualmente han estado allí. En verdad, algunas de esas realidades alternas son de donde sus antepasados muy atrás vinieron.

"En el sentido verdadero de realidad, hay niveles multiples de conciencia, y algunos de los niveles más arriba son mentalmente fuera del alcance o sea fuera del área. A esos niveles más arriba de pensamientos en realidades alternas, hay mentes que operan y piensan y nos causan en este nivel que nos pasen experiencias de coincidencias y varias sincronicidades las cuales nos causan a pensar que muchas acciones son predeterminadas o destinadas. Por el sistema complejo de niveles multiples de conciencia, hay verdad a eso. Mientras esos seres en sus niveles más arriba de realidad planean sus vidas y pensamientos, nosotros aquí en niveles más bajos a veces estamos afectados por sus acciones."

"¡Caray! Eso es interesante," Steven reaccionó. "Entonces, lo que actualmente está pasando son pensamientos de niveles más arriba, y desde ellos saben más que nosotros, ellos por eso causan nuestro destino a ocurrir en este nivel."

"Exactamente," Fraxino se acordó. "En verdad, cuando tú miras a todos los niveles, no hay destino. Cada ser en cualquier nivel que existe planea su vida y causa su propio destino por resultado."

"Pues no sé," Rinto dijo. "Creo en el destino. Quiero decir, nosotros estamos afectados por niveles más arriba de pensamientos y por sus planes. Por definición, eso es destino."

*   *   *

La Mente Es Sola Una

En una manera la mente es sola una. Todos niveles, incluyendo el nivel subconciencia se mezclan entre un paisaje libre. He sacado un extracto de mi tercera novela de ciencia ficción: *Heritage Findings from Atlantis*, para dar al lector una idea.

*   *   *

Fraxino tradujo el comentario de Morris a los Atlanteanos, los cuales le saludaron con manos a Morris y le despidieron bien.

"Me vas a ver de vez en cuando seguido," Morris siguio a decir. "Sin embargo, siento que es mi obligación hacerles entender de algo, por como éste pudiera facilitar la cumplida de este proyecto en su tiempo. Ha sido mi sentido aumentando que la existencia de la mente subconciencia es un mito. Es una respuesta aprendida la cual da a los humanos la excusa de cometer acciones no aceptables, por ejemplo esa tirada en masa de esos cristales preciosos y artefactos. Mientras hay niveles más arriba de conciencia y seres más arriba, la mente humana puede llegar a ser unificada y tener conocimiento concientemente de diferentes niveles, en adición a mezclar la conciencia y subconciencia dentro de un programa. Deje que esa película sea una lección a ustedes. Acciones tonteras ocurrirían muchas veces menos si los humanos aprenderían hacer con sus mentes lo que he dicho.

"Con eso dicho ya me voy. Que les vaya bien."

"¿Morris, qué tal de ...?" Rinto empezó a preguntar.

*   *   *

La mente es solo una. Es un paisaje libre que es abierto y puede estar explorado. No es particionado, como mucha gente han llegado a creer. Eso solo es lo que la sociedad humana piensa y nos ha enseñado por influencia

155

cultural y es lo que hemos aprendido y tomado por concebido. La posición correcta de la mente todo tiene que ver con una manera de enfocar, conocimiento, y como miramos a las cosas. Todavía hay el "nivel" subconciencia, lo cual es más versátil y el área más despierta de la mente. Pudiera estar considerado como un alumbramiento amplio de luz, mientras anda recogiendo datos e información y telepáticamente comunicando con otros fuera de nuestro conocimiento conciente. La cosa importante para realizar es que ni siquiera está particionado la mente subconciencia. Podemos mezclar las "secciones" de nuestra mente y tener más conocimiento de la mente subconciencia de nosotros. Por lo que la sociedad humana ha estado enseñado, para pensar en maneras ciertas, y que hay diferentes niveles o secciones de la mente y conciencia, hemos estado enseñado esencialmente no ser exploradores naturales. Nuestra posición de mente ha estado limitado y seccionado. Necesitamos ampliar nuestra posición de mente para ver todo. El estado despierto de conciencia pudiera estar considerado como un alumbramiento de luz enfocado en areas ciertas, comparado con el alumbramiento de luz amplia de la subconciencia. Ese alumbramiento de luz conciencia es capaz de acceder e iluminar por todo el paisaje, no solo unas secciones. Cada marco de referencia o posición de mente es flexible. No está puesto como piedra. Somos capaz de aumentar nuestros horizontes, y podemos poner más "programas" a nuestra posición de mente, eso es, cambiar nuestra propia perspectiva para darnos capaz de explorar ideas nuevas y conceptos.

Como dicho antes, todo tiene que ver con una manera de conocimiento. ¿Cómo bien realmente entendemos nuestra salud mental? ¿Cómo capaz somos sobre operar dentro nuestra posición de mente? ¿Cómo capaz somos en nuestras habilidades de crear realidad para nuestros mismos, para cumplir y alcanzar lo que deseamos?

*　　*　　*

CONCLUSIÓN

Pienso que he tenido éxito en truinfar sobre muchos obstáculos del síndrome de Asperger's, pero esos rasgos que todavía se quedan conmigo, valoro. Nunca me consideré incapacitado, lo cual probablemente hizo el proceso mucho más facil. Más el lector se ha dado cuenta que he hecho buen uso y aprovechado de mi condición en muchas maneras positivas, habiendo cumplido muchos proyectos en mi vida.

Los Asperger's no deben ser evitados ni detestados, aunque no tengan las mejores habilidades de socializar y comportamiento. Muchos de ellos son gentes decentes con mucho de ofrecer. Muchos de ellos son muy completos y exigentes, y tienen memorias fenomenales. Son persistentes y meticulosos, rasgos que son buenos para cumplir proyectos y alcanzar metas, más otros rasgos buenos. Todo tiene que ver con el enfoque en concentrar en los proyectos a mano, ¿verdad?

Los con Asperger's encuentran otras maneras para aumentar sus escogimientos para hacer buen uso de su condición. Encuentran otra manera para llegar al mismo punto. Como siempre hay más que una manera para hacer algo, no es malo para andar cumpliendo algo en otra manera o sea una manera única. A veces es la manera mejor. Muchos Asperger's pueden ver algo que muchas personas normales no pueden ver, y por resultado, pueden mejorar una situación.

Un ejemplo es cuando recogí ese pedazo de cáscara del árbol Eucalipto y ayudé al chófer del autobús, para que pudiera meter agua dentro del radiador. Otro ejemplo tiene que ver con los comederos para ganado diseñados ingeniosamente por Temple Grandin.

Todo tiene que ver de como causar que el público vea las cosas. Personas con síndrome de Asperger's merecen ser aceptados y apreciados en la sociedad así como lo demás de la gente. Ellos tienen su lugar en este mundo también, y doy gracias a muchos de ellos por traer a realidad sus invenciones y creaciones, la mayoría de éstas con la meta de hacer este mundo un lugar más bueno para vivir.

Es importante saber que cualquier persona que se pone en sus buenos cabales y marco de referencia puede brincar muchos obstáculos. Triunfar es un proceso que hacemos en nuestra jornada para explorar nuevas ideas y conceptos.

Leyendo Entre las Líneas, un Epílogo

En los primeros días de julio de 2004, my tío y tía en Nashville me habían prestado su escalera alta para que yo la pudiera usar para coger manzanas de algunos de los árboles en mi solar. Uno o dos días después, llamé a mi tía para decirle gracias.

". . . y esa escalera seguro ha sido conveniente para coger manzanas, más otros usos por los cuales yo necesitaba una escalera alta."

"Pues, que bueno."

"Más, pude enderezar un retoño chueco encima de otro de mis árboles."

"Pues, me alegro que te ha servido bien – ¿Qué piensas, Roberto?"

Por un momentito, pensé que ella me estuvo preguntando lo que pensé en la escalera, pero de repente me di cuenta que ella había cambiado el sujeto, aunque ella no me lo dijo.

"Sí, que bueno que John Kerry escogió a John Edwards por su compañero de candidatos," respondí

"Son noticias excelentes, ¿verdad?"

"Sí verdad. Ojalá que ellos ganan . . ."

* * *

Pues, percibí. Mis percepciones funcionaron, y estuve leyendo entre las líneas. ¿Cómo lo hice? Atrás en los días cuando yo estaba en la escuela prepa, no pienso que yo habría percibido, y es probable que yo le habría preguntado, "¿Quieres decir, qué pienso en la escalera?" Solo hace menos que diez años que mis percepciones se han mejorado. Lógicamente, ella me estuvo preguntando acerca de la escalera, pero por alguna manera percibí que ella estuvo hablando acerca de la verdad que Kerry había escogido a Edwards como su compañero de candidatos. Tal vez su tono de voz era un poco diferente, y tal vez eso es lo que me dio la idea. ¿Eso o era la telepatía?

¿Sabes qué? ¡Realmente he sobretriunfado esta cosa! Bueno, todavía hay unos pocos rasgos quedando, pero este libro entero es una historia que retrata de mi vida de luchas, pero también mis éxitos, y la cosa más importante es que este libro da esperanza y estímulo a todos mis lectores, que los con el síndrome de Asperger's también pueden sobretriunfar sus obstáculos.

Otros Libros por Robert S. Sanders, Jr.

1) **Mission of the Galactic Salesman** copyright © 1995
(Misión del Vendedor Galáctico)
Solo viene en inglés.
2) **Mission Beyond the Ice Cave: Atlantis-Mexico-Zotola** copyright
©1998
(Misión Más Allá que la Gruta Helada: Atlantida-México-Zotola)
Solo viene en inglés.
3) **Heritage Findings from Atlantis** copyright © 2000
(Encuentros Herencia de Atlantida)
Solo viene en inglés.

TRILOGÍA SINOPSIS DEL VENDEDOR GALÁCTICO
un Sumario and Sinopsis de las 3 Novelas de Ciencia Ficción:
1)Mission of the Galactic Salesman (Misión del Vendedor Galáctico),
2)Mission Beyond the Ice Cave: Atlantis-Mexico-Zotola (Misión Más Allá
que la Gruta Helada: Atlantida-México-Zotola), y 3)Heritage Findings
from Atlantis (Encuentros Herencia de Atlantida)

escrito por Robert S. Sanders, Jr., copyright © 1995-2000
(versión español todavía en proceso de traducción, 2004)

Bienvenidos a la trilogía de ciencia ficción del vendedor galáctico, un buen
grupo de novelas con diversiónes y buenas aventuras, los cuales
promocionan paz, viajes, amistades, y comunicación, NO guerras
galácticas, como tan muchas otras novelas de ciencia ficción..

Todo empieza cuando un vendedor galáctico tiene una misión para
conectar el sistema telefónico de mundo Tierra con el sistema de su propio
planeta aldrededor de otra estrella y otras sistemas de estrellas también. Su
nombre real is Tomarius (Tom), y hace un contrato con un grupo de
adolescentes, Robert Joslin y sus amigos. Les concede la bendición de
poder trans-teleportar por pensar, y juntos construyen un aparato de
comunicación galáctico en la esquina del bosque de la familia Joslin en su
rancho en Tennessee.
Robert y sus amigos disfrutan numerosas aventuras. Con su bendición
de trans-teleportar, ellos viajan lejos a muchos lugares, incluyendo otros
sistemas de estrellas.

En la segunda novela, ellos encuentran y conocen a unos muchachos vivientes: Rinto, Fraxino, y Chispo. Ellos son descendientes de Atlantida y están viviendo en el sistema de la estrella Orion. Robert y sus amigos les acompañan a su mundo Artenia, y pasan mucho tiempo con ellos allí. Juntos ellos ayudan a Tom, el vendedor galáctico con otra misión, para ir a las montañas del norte de México y borrar un bloqueo misterioso de comunicación entre Tierra y el sistema Orion.

Todo eso solo es una práctica por el proyecto más grande de todos en la tercera novela, una central galáctica mayor envolviendo millones de números telefónicos de Tierra, para estar construído muy arriba en las montañas del norte de Alaska. Durante el proyecto, ellos desentierran cinco cajas de bronce, cada una conteniendo una cabernícola congelada en tiempo . . . ¡de Atlantida!

Las reaniman. Descubren cual información y discernimiento los Atlanteanos tienen para ofrecer.

Únase con Robert y sus amigos en sus excursiones, y disfrute aventuras con ellos mientras ayudan a Tom y su equipo de trabajadores en construir la central galáctica, lo que se asemeja, de aventuras, a viajes en tiempo, y como . . .

Nota: Éste es un sumario y sinopsis, lo cual es aproximadamente 10% del tamaño de las tres novelas enteras.

CAMINANDO ENTRE MUNDOS
Una Novela de un Americano en México
escrito por Robert Alquzok (pseudonombre)
copyright © 2001 (versión inglés: **Walking Between Worlds**)
(versión español todavía en proceso de traducción, 2004)

En esta novela, un muchacho americano del estado de Tennessee tiene interés en el país de México, aprendiendo la lengua y cultura, investigando pinturas antiguas en el desierto, viajando y explorando. Rolando Jocelyn hace viajes frecuentes durante varios años a un pueblo bonito que se llama Bustamante, Nuevo León, localizado bajo unas montañas hermosas que incluyen La Cabeza de León.

Es muy raro que un americano, sin raíces mexicanas, visite y pase tiempo en un pueblo en México. Rolando disfruta varias aventuras en el pueblo y las montañas y le gustan las amistades. Tiene algunas amistades especiales que le influyen a ir a Bustamante con más frecuencia.

Sin embargo, Rolando también hace algunas enemistades, aunque nunca tiene mala intención, y a veces se mete en peligro. Lea sobre las sorpresas, aventuras y chismes que un pueblo puede ofrecer, desde disfrutar tiempo con amigos hasta ser corrido, incluyendo tácticas envueltas con la policía!

Únase con Rolando en sus aventuras y como tiene que batallar contra chismes y las malas fuerzas sútiles en sus esfuerzos para seguir sus amistades favoritas en ese pueblo. Dése cuenta de malentendidos y experiencias raras . . . por sus intereses románticos en una muchacha joven. ¿Puede triunfar sobre los obstáculos? ¿Puede establecer una buena reputación con la gente?

Nota: Con la llegada de muchos mexicanos a los Estados Unidos, esta novela importante ofrece un ejemplo de cultura mexicana.

Robert Sanders encima de la montaña Whitney, altura 14,494 pies, en California, 1992

APPENDICE

ADITIVOS DE COMIDA Y METALES PESADOS

Aunque no soy un experto en este sujeto, pienso que es importante incluir esta materia en mi libro. Creo que algo de esta materia pertenece a autismo, y tal vez algunos de mis lectores probablemente van a encontrar las siguientes páginas ayudables.

Envenenamiento de Metales Pesados

Pienso que aditivos de comida y/o envenenamiento de metales pesados causan bastantes números de casos de autismo. Algunas características de comportamiento observadas en autísticos son paralelos a lo que observan en gentes sufriendo de toxicidad de metales pesados. La química del cerebro es muy importante, y no solo una inbalance puede estar causado por contaminantes ciertos, también el inbalance puede estar causado por comer comidas chatarra y de tipos malos. Recomiendo que cualquier persona autística fuera revisado por envenenamiento de metales pesados e inbalances químicos. He oído que más que 50% de los niños hiperactivos y con deficiencias de aprendizaje, los cuales están tomando Ritalin®, actualmente tienen envenenamiento de metales pesados.

Terapia de quelación, que sea oral o intravenoso, puede estar administrado para limpiar los contaminantes excesivos de metales pesados, como plomo, mercurio, aluminio, arsénico, cobre, cadmio, y otros metales pesados.

Plomo (Pb) es un metal suave de color gris, y causa bastantes problemas significantes a la salud aun en exposiciones relativamente bajas. Hace daño al sistema nervioso de los humanos, reduce la producción de glóbulos rojos, hace daño a los riñones, el sistema reproductivo, y altera comportamiento. Plomo queda en el corriente de la sangre por periodos de poco tiempo, y entonces llega a quedar más duro en los huesos y los dientes, tomando el lugar del calcio. Yo creo que plomo también causa enfermedades crónicas.

Envenenamiento de plomo está causado por una variedad de cosas. Plomo estaba utilizado en las pinturas de casas por muchos años, pero estuvo prohibido en esos productos en los 1970s. Plomo estaba ocupado en gasolina regular y gasolina nova también, estando prohibido en los Estados Unidos en el verano de 1995, y en México en el otoño de 1997. Aun hoy muchos países todavía ocupan gasolina con plomo, ¡incluyendo muchos países en Europa! Quemando combustibles con plomo en millones de automóviles literalmente echa por todos lados millones de toneladas de humo, ¡incluyendo plomo en el atmósfera! Plomo todavía está utilizado en baterias de carros, municiones, y soldadura de plomo. ¡Envenenamiento de plomo también está causado por tomar agua de casas donde la tuberia estuvieron instalados con soldadura de plomo!

Mercurio (Hg) es un metal líquido pesado de color plata/blanco en temperatura normal. Es muy tóxico, más que el plomo. Mercurio está utilizado en termómetros, pesticidas, preparaciones farmacéuticas, en empastes dentales, y algunos interruptores de luz eléctrica. Envenenamiento de mercurio y autismo tienen síntomas bastante similares, por ejemplo: comportamiento de dañarse a sí mismo, retiro social, falta de contacto de ojos al hablar y falta de expresiones de la cara, comportamiento repetidos, hipersensitividad a algunos ruidos y al tocar.

Una de las fuentes mayores de exposiciones (las cuales causan envenenamiento) viene de los empastes dentales de amalgamas de mercurio, ¡los cuales hasta donde pienso *nunca* deben que estar instalados por dentistas! Hay otros materiales como compuesto blanco que funcionan muy bien y que NO son venenosos. Mientras OSHA ha clasificado amalgamas dentales como basura tóxica, la Asociación Dental Americana piensa diferente, que amalgamas de mercurio son perfectamente buenos cuando están en su boca, ¡y también en las bocas de niños! Esta discrepancia causa un siguiente y constante fuente de exposición 24 horas por día, 365 días por año, por culpa de masticar y de la verdad que vapor de mercurio siempre está saliendo de las empastes dentales. Reconociendo como tóxico mercurio realmente es, la practica de instalar empastes dentales de amalgamas de mercurio ¡es afrentoso para decir lo menos! Mercurio NO tiene ningún lugar en nuestras bocas.

¡Envenenamiento de mercurio también viene, en serio, de inyecciones farmacéuticas y de vacunas! Thimerosal es un conservador conteniendo mercurio en muchas inyecciones. ¡Eso también es afrentoso para decir lo menos!

Aluminio (Al) es el tercer más abundante metal en la capa del planeta, y está utilizado sorpresamente en muchísimas variedades de productos, por ejemplo trastes, papel de aluminio, antiácidos, aspirinas protegidas y algunas vacunas. Aluminio también está metido en la sal como unos agentes de antiendurecimiento. Distritos de servicios de agua, en adición a poner fluoruro de sodio en el agua potable, también ponen aluminio.

Esas exposiciones diferentes pueden causar envenenamiento de aluminio, y no nos vayamos a olvidar por Clorhidrato de Aluminio lo cual está utilizado en desodorantes antitranspirantes. Envenenamiento de aluminio también viene de comer comidas utilizando levadura, ¡por ejemplo fosfato de sodio aluminio, y fosfato de calcio aluminio! Por resultado los pancakes y wafles son fuentes excelentes de aluminio. Lea los ingredientes en los polvos de pancakes antes de comprarlos. La mayoría de ellos son de muy buena fe en usar Fosfato de Sodio Aluminio, en el lugar de Fosfato Monocalcio. Por favor tenga conocimiento que hay algunas marcas con ingredientes más naturales y más importante todavía, ¡sin aluminio!

Fosfato de Sodio Aluminio viene listado en un libro llamado *The New Additive Code Breaker*, una guía de aditivos de comidas de Australia y Nueva Zelanda y escrito en Inglaterra por Maurice Hanssen y Hill Marsden. Dice:

"Fosfato de Sodio Aluminio ha sido considerado por los comisiones de toxicológicos en la verdad del contenido de su aluminio en el lugar de su fosfato. Aluminio pone un problema porque de la evidencia que una acumulación de aluminio en las células del sistema nervioso puede ser potencialmente tóxico y responsable por enfermedades como Parkinson y demencia senil."

Fosfato de Sodio Aluminio no es permitido en comidas en los países de Australia y Nueva Zelanda.

Hay otros metales pesados tóxicos que causan problemas en la salud. Entre ellos son arsénico (As), antimonio (Sb), cadmio (Cd), talio (Tl) y aun cobre (Cu) y niquel (Ni). Para leer más afondo puede ver a un artículo excelente que salió en mayo y junio del 2002 en la revista, *Autism Asperger's Digest Magazine*. También hay otros artículos de literatura acerca de metales pesados incluyendo páginas de web del Internet.

Unos años atrás cuando estuve escribiendo mi tercera novela de ciencia ficcion, *Heritage Findings from Atlantis*, decidi de escribir unos comentarios acerca de plomo en particular, del perspectivo de los residentes de la ciudad de Zantaayer en otro planeta alrededor de la estrella Al Nitak. Aquí está el extracto.

* * *

". . . escándalo solo es suave comparados con otros."

"¿Cómo que?" Fraxino preguntó.

"Como la producción de electricidad nuclear y el riesgo alto y peligros de eso, más para decir la exposición de radiación dañina que es posible . . .y el elemento plomo estando metido en los combustibles fósiles del planeta Tierra con que manejan sus automóviles y otros vehículos . . . ¡afrentoso eso es, no te digo!"

"A lo menos aquí en nuestro mundo, tenemos hidrógeno," dijo Rinto.

"Y podemos contar nuestras bendiciones en eso, mis hijos," Glecko dijo. "Las compañías de combustible del planeta Tierra *saben* que podemos. Plomo es extremamente malo por seres vivos, y es sabido por disminuir la inteligencia, en adición a causar enfermedades crónicas porque acumula entre los tejidos finos del cuerpo. ¡Es una toxina que no tiene ningún lugar estar puesto en combustibles para automóviles!"

"¡Eso es espantoso realmente!" Tecoloteh declaró. "No teníamos ningún conocimiento que la gente de Tierra habrían hecho algo tan ridículo."

"Sí, lo hacen," Rinto les informó a Latorna y Tecoloteh.

"Grupos de interés especial y otros grupos especiales controlan muchos de los escándalos de Tierra," Glecko siguió a decir, "y no se les vayan a olvidar considerar que otros sistemas de estrellas pudieran estar atrás de eso, utilizando la gente de Tierra como gentes de prueba por estudios largos. Diseña sus cristales de su proyecto de acuerdo con hacer que esta galaxia sea un lugar mejor para vivir."

"¡Correcto papa!" Fraxino declaró.

"Papa, con la manera que crecimos esos cristales," dijo Rinto, "vamos a tener todos esos escándalos aplanados y borrados."

"Eso es su inteligente ingeniosidad trabajando mis hijos," su papa les dijo con elogio. "Con sus dos amigos de Atlántida, estoy seguro que van a hacer muy buen trabajo."

Siguieron platicando y pronto acabaron de desayunar.

*   *   *

Aunque algo de lo que escribo es especulación, como quiera dice algo serio para pasar al lector el mensaje de como absurdo es el uso de plomo aquí en nuestro mundo Tierra.

Aditivos de Comida

En adición a metales pesados, hay muchos aditivos de comida que son malos para ti, ¡y las fábricas de alimento están dado muy buena libertad para meter aditivos dentro de productos de comida al contento de su corazón! Más o menos 90% de todos cereales tienen BHT (Hidroxitolueno Butílico), un aditivo seriamente malo sabido a causar esterilidad en animales de laboratorio.

Referiendo a *The New Additive Code Breaker*, BHT no ocurre en la naturaleza y está derivado sinteticamente de p-cresol y isobutilen. Fue creado inicialmente en 1947 como un antioxidante por use con productos de hule y petroleo.

BHA (Hidroxianisol Butílico, es otro chemico malo que está utilizado para conservar aceites. Tampoco no ocurre en la naturaleza, y está derivado de una mezcla de 2- y 3-tert-butil-4-metoxi-fenol, preparado de p-metoxifenol y isobuten.

En un libro de aditivos llamado *Eater's Digest*, dice que BHA y BHT "no deben que estar metido en comidas para nada; que existen alternativos disponibles que no son malos."

TBHQ (tert-Butilhidroquinon) es más malo todavía. Está derivado de petroleo. ¡Solo poquitos cantidades de TBHQ han causado vomitar, náusea, oidos sonando, delirio, sentidos de sofocar, y colapso! TBHQ está utilizado como un conservador en angunas comidas, por ejemplo aceites, pasteles, tipos de galletas, ¡y aun algunos tipos de pan!

MSG (Monosodio Glutamato) es muy mal de veras, con mucha gente sufiendo reacciones alérgicas severes a comidas que lo contienen. Algunas de las reacciones son entumecido en el cuello, en las manos, y en el pecho, sentidos apretados en la mandíbula, dolores fuertes en la cabeza, y parálisis temporal. En animales de laboratorio, MSG ha causado daño a las células del cerebro. Algunas fábricas de comida se sienten vergüenza que ponen MSG en sus comidas. Entonces esconden la verdad por llamarlo otros nombres como, "Hydrolyzed Vegetable Protein," "Autolyzed Yeast," y "Natural Flavoring." Para mayor información pueden consultar libros sobre aditivos de comida.

Acerca de las comidas, es importante leer y revisar los ingredientes en todos los rótulos, y solo porque está limpio de aditivos y conservadores este año no es ninguna garantía que todavía va a estar limpio el próximo año. Compañías y fábricas son malos sobre metiendo aditivos sin decir nada. Por eso es importante revisar seguido los rótulos y los ingredientes de las comidas.

Yo recomiendo comprar alimentos crecidos orgánicamente y comidas 100% natural cuando posible.

Básicamente por cada quien, monitoreando lo que come en proporciones buenas puede ayudar a cada persona en alcanzar más estabilidad.

El pan es muy mal sobre tener muchos aditivos de comida y conservadores como Propionato de Calcio, TBHQ, y muchos condiciona-

166

dores de masa, más emulsificantes como Ethoxylated Mono-y-di-glycerides y Sodio Stearoyl-lactylate, Potasio Bromato, y más todavía. Algunos de éstos causan migrañas de la cabeza, sentidos apretados en el pecho, ansiedad, y otras reacciones.

Casi todas las sodas contienen 1/1000 (0.1%) de Benzoato de Sodio, otro aditivo y conservador malo sabido causar dolores de la cabeza. Cervezas y vinos contienen eso también, más Bisulfato de Sodio, los cuales contribuen a los sentidos de crudo . . . ¡no solo al alcohol!

La gente piensan que estoy loco y que soy de Marte porque soy tan fijado de las comidas y por como me fijo en los rótulos de ingredientes de comidas desde que yo tenía diez años. Si todos fueran como yo, las fábricas de comidas pronto se fracasarían, ¡y que buen día sería para todos nosotros! Porque no mandan sus productos y biproductos de producción a basureros tóxicos, o mejor todavía mandar el mugrero al Sol, ¡en el lugar de meterlo en nuestras comidas!

*   *   *

Robert Sanders y el lago Spectacle Lake, Alpine Lakes Wilderness, Washington, julio de 1985

www.ingramcontent.com/pod-product-compliance
Lightning Source LLC
Chambersburg PA
CBHW031512270326
41930CB00006B/378